rororo

rororo

Zu diesem Buch

Untreue kommt in den besten Beziehungen vor und muss als eine Erfahrung betrachtet werden, die relativ normal ist. Aber was ist mit jenen Männern, die immer wieder fremdgehen und sich niemals auf nur eine Frau festlegen wollen? Und wieso bleiben Frauen bei Männern, von denen sie wiederholt betrogen werden? Frauen, die einen Casanova lieben, leben in einer ganz besonderen Beziehung. Um die Spielregeln dieser Liebe zu begreifen und die Chance zu bekommen, sich von der Rolle der Betrogenen zu lösen, sollten Frauen dieses Buch lesen.

Sylvia Heinlein, geboren 1962, studierte Kunstgeschichte und Literatur in Hamburg und Berlin. Sie hat 3 Jahre als Nachrichtenredakteurin und Reporterin beim Rundfunk gearbeitet. Heute schreibt sie als Journalistin für verschiedene Zeitschriften in den Bereichen Psychologie, Familie und Erziehung. Die Autorin lebt mit ihrer Familie in Hamburg.

Sylvia Heinlein

Der Casanova in meinem Bett

Wenn Frauen untreue Männer lieben

Rowohlt Taschenbuch Verlag

Lektorat: Martina Behrens

Originalausgabe
Veröffentlicht im Rowohlt Taschenbuch Verlag GmbH,
Reinbek bei Hamburg, April 2003

Umschlaggestaltung any.way, Barbara Hanke/Cordula Schmidt
© Copyright + Images 4 Communication B.V.
Satz Joanna PostScript PageMaker
bei Pinkuin Satz und Datentechnik, Berlin
Druck und Bindung Clausen & Bosse, Leck
Printed in Germany
ISBN 3 499 61366 2

Die Schreibweise entspricht den Regeln
der neuen Rechtschreibung.

«… sie schaute zurück und sah, wie sich die vertraute Tür hinter ihr schloss, mit einem leichten Zuschnappen, sozusagen – endgültig!»

Katherine Mansfield

Für die willensstarken, optimistischen Frauen meiner Familie

Inhalt

Leben mit einem Casanova

Sie sind mit einem Mann zusammen, der außer mit Ihnen auch noch mit anderen Frauen Sex hat – deshalb haben Sie vielleicht Selbstzweifel oder das Gefühl, nicht unabhängig genug zu sein, weil Sie diese Situation erdulden und sich nicht trennen. Möglicherweise glauben Sie sogar, Sie seien beziehungsunfähig, weil Sie nicht in der Lage sind, Ihrem Partner das zu geben, was er braucht, damit er Ihnen treu ist. Vielleicht ist es auch so, dass Sie denken, Sie seien absolut in Ordnung und Ihr Casanova hingegen habe deutliche Beziehungsdefizite. Egal, welche dieser Empfindungen Sie haben: Sie stecken in einer Situation, die zwar verzwickt und leidvoll sein mag – aber keinesfalls unauflöslich.

Beginnen Sie am besten jetzt gleich damit, die Dinge in die Hand zu nehmen. Heißen Sie sich selbst willkommen im Club der Frauen, die fremdgehende Männer lieben, und sehen Sie Ihre Situation als Chance, sich auf die spannende Suche nach sich selbst zu machen. Denn eines ermöglichen Casanovas ihren Frauen auf jeden Fall: ihre Ängste, Erwartungen und Sehnsüchte an die Liebe zu hinterfragen und eine unglaubliche Menge dazuzulernen.

Als Partnerin eines fremdgehenden Mannes befinden Sie sich in allerbester Gesellschaft und können sich sicher sein: Auf jeder Party, die Sie besuchen, auf jedem Elternabend, in Ihrer Firma und in Ihrem Freundeskreis gibt es Frauen, deren Männer fremdgehen.

Ebenso sicher ist: Wenn Sie Freundinnen, Kolleginnen oder Familienmitgliedern Ihr Herz ausschütten, werden Sie Verständnis für Ihre Wut erhalten, Trost für Ihre Tränen und immer wieder den guten Rat: «Er betrügt dich? Ich würde ihn auf der Stelle verlassen, wenn er das mit mir machen würde. Ich könnte das niemals ertragen.»

Natürlich gibt es fremdgehende Männer, die man am besten verlassen sollte. Diese Männer sind schnell und schlicht zu beschreiben: Sie fordern rüde das Fremdgehen als Recht ein, sie verhalten sich egoistisch und unreif, sie sind nicht liebe- und respektvoll, sie werten ihre Partnerin ab, sie verstehen und akzeptieren nicht, dass sie ihre Partnerin verletzen.

Wenn Sie an der Seite eines solchen Mannes leben, sollten Sie generell überlegen, ob diese Beziehung Ihnen geben kann, was Sie sich wünschen. Ganz unabhängig davon, ob Ihr Partner Sex mit anderen Frauen hat oder nicht.

Wenn Sie aber einen interessanten oder liebevollen oder besonders klugen oder erotischen Mann an Ihrer Seite haben, einen, mit dem Sie sich austauschen können, der Ihnen Aufmerksamkeit schenkt oder der sie grundsätzlich unterstützt, der Sie in Ihrem Wesen gut ergänzt oder mit dem Sie Ihre Vorstellungen von Familie verwirklichen können – dann ist der «Auf der Stelle verlassen»-Rat für Sie falsch.

Wenn Ihr fremdgehender Partner Ihnen in vielerlei Hinsicht eigentlich ein treuer Partner ist, dann sollten Sie sich auf den Weg machen zu den Tiefen und Untiefen Ihrer Beziehung – und eben um diese wesentlichen Aspekte Ihrer ganz besonderen Beziehung geht es in diesem Buch: um Ihre und seine Ängste, Verletzungen und Sehnsüchte und um die Mechanismen, nach denen Sie und Ihr Casanova funktionieren. Warum wirkt der charmante, widersprüchliche Casanova so anziehend auf Sie? Warum ‹muss› er fremdgehen, und warum reagieren Sie so auf ihn, wie Sie es tun?

Vor einem Casanova kann man sich nicht hüten – denn er ist kein sofort erkennbarer Typ Mann. Es sind ‹treue›, liebevolle Familienväter, die eine geheime Affäre nach der anderen haben. Es sind aufregend souveräne Kerle, die ihre Liebschaften offen leben und betonen, dass Männer das eben bräuchten. Es sind schweigsame, freundliche Männer, die seit 10 Jahren mit ihrer Partnerin zusammenleben und immer auf der Suche nach dem sexuellen Abenteuer sind. Es sind ewige Singles, die keine Lust haben, Verantwortung zu übernehmen, und es sind nette, scheinbar offene Jungs, die über Partnerschaftsprobleme nicht sprechen mögen und stattdessen bereit sind, mitzunehmen, was kommt.

Es sind Männer, die nie mehr als einmal mit einer Affären-Partnerin schlafen, es sind aber auch solche, deren Affären Wochen oder Monate dauern. Und einige von ihnen teilen ihre Zeit und Zuneigung permanent mindestens zwischen zwei Frauen auf. Manche Casanovas halten es immer nur sehr kurz in einer festen Beziehung aus, andere haben lange und stabile Beziehungen.

Weil Casanovas ganz unterschiedliche Männer sind, scheint es den Frauen an ihrer Seite oftmals so, als gäbe es keine Lösung für die scheinbar sehr individuellen Probleme, die sie mit dem einen, ganz speziellen, fremdgehenden Mann an ihrer Seite haben.

Möglicherweise entdecken Sie Ihren Partner in dem Raster der genannten Männer nicht wieder. Vielleicht ist er ein völlig anderer Typ. Aber gleichgültig, wie Ihr Casanova seine Affären lebt und wie Sie darauf reagieren: Die Grundzüge, denen Frauenhelden und ihre Partnerinnen folgen, wiederholen sich. Ihr Partner kann selten oder regelmäßig fremdgehen, seit Jahren mit der gleichen oder immer mit neuen Frauen. Er mag es bereuen oder nicht, es offen oder heimlich tun. Und Sie mögen ihn ändern wollen, ausharren an seiner Seite, sich gerade mal wieder trennen wollen, ihm das endgültig letzte Ultimatum gestellt haben (‹Wenn du deine Frauen nicht aufgibst, werde ich dich verlassen!›) oder von ihm verlassen worden sein, weil er sich von Ihnen unter Druck gesetzt oder eingeengt fühlte.

Die Grundzüge bleiben gleich. Und wenn man sie begreift und erkennt, hat man eine Chance, etwas zu ändern und selbstbestimmt seinen eigenen Weg zu gehen.

Vermutlich kämpfen Sie um Ihre Beziehung und investieren viel Energie, um von Ihrem Partner anerkannt und geliebt zu werden. Wahrscheinlich sind Sie tief verletzt und fühlen sich an der Seite Ihres Casanovas als Opfer – versuchen ihn morgens noch zu verstehen und ihm zu verzeihen, haben mittags allein einen Weinkrampf und sind am Abend so weit, ihn nur noch wütend anzuklagen, oder probieren verzweifelt, ihn endlich zur Treue zu bewegen.

Unabhängig davon, wie Ihre Lebensumstände sind – Sie fühlen sich mit größter Wahrscheinlichkeit hilflos und verletzt. Einen Mann zu lieben, der immer wieder fremdgeht, ist schmerzhaft. Es verletzt Sie in Ihrer Weiblichkeit – weil Sie glauben, das Intimste und Weiblichste, was Sie zu bieten haben: Ihre sexuelle Hingabe, reicht nicht aus für den Mann, den Sie lieben. Sie sind verletzt, weil Sie Sexualität mit intensiver Nähe verbinden und weil Sie diese Nähe nicht mit anderen Frauen teilen wollen. Höchstwahrscheinlich können Sie nicht glauben, dass es Ihrem Partner bei seinen Affären wirklich ‹nur› um Sex geht. Immer wieder werden Sie sich die Frage stellen, wie sehr Ihr Casanova seiner Liebschaft emotional verbunden ist – was er, abgesehen von Sex, an Nähe mit der anderen Frau teilt.

Fremdgehende Männer verweigern sich. Sie wollen ihrer Partnerin partout nicht den Wunsch nach Treue und selig machender Liebe erfüllen. Daran kann man verzweifeln. Verzweiflung ist ein großes Gefühl und hat eine Menge mit Panik und Chaos zu tun. Und das ist überhaupt nicht hilfreich, wenn man nach seinem Glück sucht.

In diesem Buch werden Sie einiges finden über Männer, die es schwer haben, mit ihren Gefühlen zurechtzukommen, und über Frauen, die mit ihrem Selbstbewusstsein, ihrer Integrität und dem, was Liebe und Beziehung für sie ausmacht, kämpfen. Es geht um

Defizite, Probleme, Sehnsüchte und Ängste, die beide in ihre Beziehung mit einbringen. Dennoch ist wichtig zu wissen: Weder der Casanova noch seine Partnerin sind ausschließlich egoistisch oder auf ein bestimmtes Verhalten festgelegt – zumindest nicht mehr oder weniger als andere Menschen auf anderen Gebieten auch.

Männer, die immer wieder fremdgehen, leben in der Partnerschaft vehement eine bestimmte Seite ihrer Persönlichkeit aus. Man kann sie kindlich nennen, unkontrolliert, egoistisch oder unreflektiert. Ihr wesentliches Merkmal: Casanovas mögen sich nicht zusammenreißen, um nach einem gemeinsamen Weg mit der Partnerin zu suchen. Im Vordergrund steht stattdessen eine übermäßige Sehnsucht nach Anerkennung, die sie dazu treibt, ihr Verhalten stets zu wiederholen. Frauen, die mit solchen Männern zusammenbleiben – obgleich sie an ihrer Seite leiden –, folgen teilweise ähnlichen Verhaltensmustern. Sie haben Probleme damit, sich von ihrem Partner abzugrenzen, und kämpfen mit ihrem angeschlagenen Selbstwertgefühl.

Dieses Buch plädiert jedoch dafür, die Gründe für das Verhalten eines Frauenhelden und das seiner Partnerin nicht einfach als persönliches Fehlverhalten oder Versagen zu betrachten, das man nach Belieben abschalten kann.

Untreue kann – wie jedes menschliche Verhalten – aus einer Vielzahl von Einflüssen resultieren: kulturellen, familiären, psychologischen oder – wie manche Wissenschaftler glauben – biologischen. Wir müssen diese Einflüsse nicht alle akzeptieren. Wir können manche als einsichtiger empfinden als andere oder sie ganz und gar ablehnen. In jedem Fall aber sollten wir wissen, welche Begründungen es für das Verhalten von Männern und Frauen in Beziehungen gibt.

Weil wir einer Spezies angehören, deren Anlage es ist, sich durch Sex fortzupflanzen, kann man der Vermutung folgen, dass deshalb bestimmte Verhaltensregeln in uns angelegt sind – etwa dass Männer fremdgehen *müssen*, weil in ihren Genen angelegt ist, möglichst viele Nachkommen zu zeugen. Zugleich wissen wir, dass jeder Mensch von seiner Kultur und gesellschaftlichen Normen und Regeln beeinflusst ist, das heißt: Männer *dürfen* fremdgehen, weil das auch heute noch dem vorherrschenden Männerbild entspricht, dass Männer stark, durchsetzungsfähig und erfolgreich sein müssen. Zudem hat jeder Mensch seine eigene Geschichte, seine eigene Kindheit, seine eigenen Erfahrungen, die ihn prägen: Männer *können* fremdgehen, weil sie damit ihre Probleme kompensieren. Und natürlich folgt jeder Mensch letztendlich seinem freien Willen. Jeder hat seine ganz eigene Moral, seine individuellen Normen, aus denen heraus er handelt: Männer *wollen* fremdgehen, wenn und weil sie es für richtig halten.

Ganz gleich jedoch, aus welcher Perspektive Sie das Verhalten Ihres Casanovas betrachten: Es soll niemals darum gehen, die Verantwortung für sein oder Ihr Verhalten abzuwälzen – weder auf die weibliche noch auf die männliche ‹Natur›, noch auf die Umwelt, psychische Probleme oder schlechte Erfahrungen.

Dies ist ein Buch, das Frauen helfen will, ihre verletzten Gefühle und die Verhaltensmuster fremdgehender Männer zu verstehen. Das heißt nicht, alles, was fremdgehende Männer tun, zu akzeptieren. Verständnis bedeutet nicht unbedingt, dass Sie Ihrem Casanova wirkungsvoller helfen können, sein Verhalten aufzugeben.

Wenn Sie die Verhaltensstrukturen Ihres Partners verstehen, können Sie aber aufrichtiger und bewusster entscheiden, ob Sie mit diesem Mann weiter zusammen sein wollen und können – oder eben nicht.

Im allerbesten Fall kann dieses Buch Sie dabei unterstützen, einen klaren Kopf zu bekommen und die eigenen Bedürfnisse wieder zu entdecken. Vielleicht werden Sie es schaffen, nicht mehr Opfer Ihrer verletzten Gefühle zu sein und Ihre Energie nicht länger darauf zu verwenden, sich nach Treue zu verzehren. Das heißt nicht, dass Sie nicht mehr verletzt sein werden, wenn Sie dieses Buch gelesen haben. Aber Sie werden hoffentlich erkennen können, warum und woran genau Sie so leiden. Das macht es leichter, gegen das Leid anzugehen und Entscheidungen für das eigene Leben zu fällen.

Sie können dieses Buch lesen und möglicherweise sich und Ihren Partner erkennen. Sie können lernen, Ihrem Partner bewusster zu begegnen und ihn und seine Verhaltensmuster zu respektieren. Eine bessere, neue Beziehung kann daraus aber nur erwachsen, wenn auch Ihr Partner bereit ist, mit Ihnen zu reden, Ihre Ängste und Sehnsüchte zu respektieren und ebenso seine eigenen zu formulieren und zu akzeptieren.

Jede Frau, die mit einem Casanova lebt, wird sich mit der eigenen Person auseinander setzen und bereit sein müssen, heftige Gefühle zu durchleben: Schmerz, Trauer, Wut, Aggression, Scham, Resignation ... eine Garantie für dieses Wechselbad der Gefühle haben Sie an der Seite eines Casanovas – ebenso die Chance, mehr über sich und die Liebe zu lernen und zu erfahren als in jeder anderen Beziehung.

1. Ich will alles!
Die Sehnsucht nach Liebe und Treue

Das Bedürfnis nach einem treuen Partner könnte man ebenso schlicht wie provokativ mit der Entwicklungsgeschichte des Menschen erklären. Der Auftrag der Spezies Mensch lautet, wie der jedes anderen Lebewesens auch: Fortpflanzung! Die Frau erfüllt diese Aufgabe der Natur am besten, indem sie sich möglichst sorgsam einen Partner aussucht, der ihr nicht nur das beste genetische Material für den Nachwuchs garantiert, sondern auch zuverlässig für sie und die gemeinsamen Kinder sorgt. Der Mann hingegen ist an der Treue seiner Partnerin interessiert, damit er sicher sein kann, dass der Nachwuchs, für den er sorgt, auch tatsächlich von ihm stammt.

Auch Paare, die sich keine Kinder wünschen, würden nach diesem Denkmodell einem Treue-Trieb folgen, der seit Urzeiten in ihnen angelegt wäre.

Ganz so einfach und biologistisch lässt sich unser Streben nach einem treuen Partner allerdings doch nicht erklären.

Die Männer, um die es in diesem Buch geht, sind nicht treu.

Was also macht das menschliche Bedürfnis nach Treue aus? Wenn wir wissen, woher unser Wunsch nach Treue kommt, können wir auch besser mit dieser Sehnsucht – und unseren daraus erwachsenden Ansprüchen – umgehen.

Jede Frau hat ihre ganz persönliche Geschichte, aus der heraus sich ihre Vorstellungen von Treue und Beziehung entwickelt haben. Und zudem ist jede einzelne beeinflusst von den Bildern, Wünschen und Sehnsüchten, die in unserer Kultur produziert werden.

Sehen wir uns das alles an!

Die Suche nach Ausgleich

Hinter der Sehnsucht nach Treue verbirgt sich das Bedürfnis nach Liebe und Geborgenheit. Wir sehnen uns nach Zärtlichkeit, danach, akzeptiert, verstanden und erkannt zu werden, ohne Kampf und Anstrengung. Das Leben ist anstrengend genug – und deswegen wäre es doch wunderschön, wenn es jemanden gäbe, der einem bei diesem Kampf treu zur Seite steht und sowohl Kraft als auch Trost spendet. Wir suchen nach einem Menschen, bei dem wir uns fallen lassen können. Er soll uns helfen, die großen und kleinen (Alltags-)Probleme zu tragen, an seiner Seite wollen wir schwach und müde sein dürfen, klein und kindlich, ohne permanent Anforderungen erfüllen zu müssen. Oftmals machen wir diesen Menschen zuständig für unser Lebensglück … und für all das wollen wir außerdem noch geliebt werden! Selbst wenn unsere Wünsche nicht ganz so umfassend sind – zumindest suchen wir nach Loyalität. Nach jemandem, der wahrhaftig zu uns steht, sich mit uns und dem gemeinsamen Vorhaben einer Beziehung identifiziert.

Weil ein anderer Mensch all diese Erwartungen in der Realität aber kaum erfüllen kann, verdrängen wir oftmals diese vielfältigen Sehnsüchte. Wir streben nach Selbstbestätigung durch Arbeit, konzentrieren uns auf unsere Kinder, holen uns Zuneigung und Anerkennung von unseren Freunden, treiben Sport oder meditieren. Wir sind kreativ oder suchen immer wieder nach dem ultimativen Spaß-Kick.

Tatsächlich beweisen wir uns jeden Tag immer wieder aufs Neue: ‹Ich schaffe es auch allein.› Wir haben uns an unsere Lebensumstände gewöhnt und die Verantwortung für uns selbst übernommen – dennoch gibt es immer wieder Momente, in denen wir uns überfordert fühlen: von dem Druck, unter dem wir stehen, um unseren Arbeitsplatz zu behalten, von der selbst gestellten Anforderung, die Beste zu sein, Spaß zu haben, beliebt zu sein. Wir wollen und sollen schön, originell, witzig und klug sein. Wir sollen weiblich, sanft und kommunikativ, emotional, fürsorglich und liebevoll sein und gleichzeitig männlich, erfolgreich, tough, souverän und durchsetzungsfähig. Wir versuchen, die vielen Ansprüche, die wir und andere an uns herantragen, zu erfüllen. Aber immer wieder erreichen auch die stärksten Frauen den Punkt, wo sie nicht mehr können und von all diesen Anforderungen nichts wissen wollen – sondern einfach nur geliebt werden und sich aufgehoben fühlen wollen.

Der Wunsch nach Nähe

Das Ideal der erwachsenen, selbständigen, unabhängigen Frau ist keines, das man verwerfen sollte – wenn es um die Liebe geht, kommen jedoch andere Bedürfnisse zum Tragen, die dem Streben nach Autarkie zu widersprechen scheinen: der Wunsch nach Nähe, liebevollen Gefühlen und Unterstützung. Grundgefühle, die wir alle kennen und – mehr oder minder – als Säugling erfahren haben.

Die ersten emotionalen Prägungen erhält jeder Mensch als Säugling in der symbiotischen Beziehung zur Mutter. Hier werden alle essenziellen Bedürfnisse befriedigt. Nähe kann man also als eine positive Grunderfahrung begreifen, nach der wir in unserem Leben immer wieder streben werden. Das Bedürfnis nach Bindung und Nähe ist für uns von der Anlage her lebensnotwendig und zeigt sich – wenn auch in modifizierter Form – bei jedem Erwachsenen, der seinen Partner bei sich behalten will. Eine Frau, die gekränkt ist, weil ihr Partner sie betrügt, erfährt letztendlich die Frustration des ursprünglichen Bedürfnisses nach Bindung, Geborgenheit und Vertrautheit.

Sicherlich: Ein autonomer Erwachsener steht auf eigenen Füßen und hat ein gesundes Selbstwertgefühl. Wer davon ausgeht, dass jeder Mensch in erster Linie für sich selbst verantwortlich ist, folgert: Beziehungen müssen nützlich sein, Bedürfnisse müssen vom Partner befriedigt werden – nur so kann man sich selbst verwirklichen.

Und wenn der Partner die Bedürfnisse nicht mehr befriedigt, kann oder muss die Beziehung gelöst werden.

Tatsächlich sind wir eigenständige Individuen – was uns formt und trägt, sind aber nicht wir selbst allein. Was uns ausmacht, kommt nicht einfach aus dem Nichts aus uns heraus. Seit unserer Geburt wurden und werden wir geprägt und getragen durch zuverlässige, feste Bindungen – sie sind die Grundlage für unser Verhalten, unsere Erkenntnisse und Gefühle. Wer sicher mit seinem Partner verbunden sein möchte, der mag also einem inneren Programm folgen: dem eines gut funktionierenden sozialen Menschen.

Sexuelle Treue kann man in diesem Zusammenhang auch als Ausdruck für Sicherheit und Nähe verstehen. Die logische Schlussfolgerung daraus wäre: Wenn mein Partner mit einer anderen schläft, dann entzieht er mir zumindest in diesem Moment Sicherheit und gibt sie einer anderen.

Die Suche nach einem Zuhause

In unserem Partner suchen wir etwas, das wir noch nicht gefunden oder das wir – nach unserer ‹sicheren› Kindheit – verloren haben: ein Zuhause, eine Heimat. Der Begriff ‹Heimat› mag für viele pathetisch klingen, sentimental oder kitschig. Tatsächlich meint Heimat aber etwas, nach dem sich wohl die meisten Menschen sehnen. Wer sich – egal wo oder bei wem – zu Hause fühlt, der ist angekommen. Er fühlt sich sicher, geborgen, zugehörig.

Heimat ist ein Ort, an dem man gekannt und anerkannt wird. Ein Ort, der heute nicht mehr selbstverständlich ist. Mobil und flexibel zu sein zählt weitaus mehr, als gemütlich und geborgen an einem Ort, in der Herkunftsfamilie, an der Seite alter Freunde und eines festen Partners zu verharren. Es gilt schon fast als peinlich oder anstößig, dort zu leben, wo man aufgewachsen ist. Wir zeigen, wie flexibel wir sind, indem wir die Stadt oder den Stadtteil, in dem wir aufwuchsen, verlassen, den Job mehrmals wechseln und auch soziale Bindungen immer wieder aufgeben und neu eingehen. Natürlich hat das auch seine Vorteile: Wir können uns frei fühlen, es steht uns alles offen – wir können uns scheinbar neu erfinden, wir werden von niemandem kontrolliert, der uns von Kindesbeinen an kennt. Gleichzeitig wächst die Unsicherheit für jeden Einzelnen: Wo gehöre ich eigentlich hin? Was und wer erwartet mich in der neuen Stadt, im neuen Job? Wie kann und sollte ich mich am besten verhalten?

Die meisten von uns schaffen sich Heimat immer wieder neu. Auf der Suche nach einem ‹Ort›, an dem wir uns aufgehoben fühlen können, überprüfen wir unsere Einstellung zum Leben, zu unserer Arbeit, zu unserer Umgebung, zu unseren Freunden, arrangieren uns mit Vorhandenem und setzen uns zugleich neue Ziele.

Ganz gleich, wie reflektiert wir mit unserem Leben umgehen mögen – die Sehnsucht nach einem einzigen Menschen, bei dem wir ankommen können und uns zu Hause fühlen, bleibt. Die ‹wahre›, treue Liebe scheint die Erfüllung von Heimat schlechthin. Denn an der Seite des ‹richtigen› Partners muss vermeintlich nicht weitergesucht werden nach einem Wunschort, an dem alles ideal ist. Die treue Beziehung, so hoffen wir, ist jener Ort, an dem wir endlich angekommen sind in der Heimat.

Der Traum von der Erlösung

Oftmals erhoffen wir uns, dass der Partner ein Rettungsanker in unserem eigenen Leben sein kann. An ihn möchten wir uns halten können, und mehr noch: Wir möchten an ihn glauben können als einen Menschen, der uns vielleicht wieder ‹ganz› machen und erlösen kann – von all dem Druck, der auf uns lastet, von all dem Sich-beweisen-Müssen, von all den täglichen Herausforderungen und Enttäuschungen. Und ebenso verständlich ist es, wenn wir meinen, unser Partner sei derjenige, der Einzige, den wir ‹ganz› haben können. Wir wollen ihn ‹besitzen›, uns verlassen können auf seine Hilfe. Selbst wenn wir reflektieren, wenn wir wissen, dass wir diese Erwartungen nicht kultivieren sollten, dass sie zu hoch gegriffen sind: Die Sehnsucht danach ist fest in unserem Fühlen und Denken verankert.

Die Hoffnung auf Erlösung gab es schon immer. Wenn wir sie heute spüren, kommt sie nicht einfach aus dem Bauch heraus – sie ist durch eine lange kulturelle Tradition in uns angelegt. Treibt man diesen Gedanken auf die Spitze, wird ein interessanter Zusammenhang deutlich: Was wir uns heute von unserem Partner wünschen, ist nichts wesentlich anderes als die uralte Sehnsucht des Menschen nach einem heilbringenden Gott. Immer schon ging und geht es in den großen Religionen und Philosophien um das Gleiche: die Suche des zwiegespaltenen, unvollständigen Menschen nach seiner anderen Hälfte, nach einer ‹göttlichen› Einheit auf Erden. Die Sehnsucht, ‹ganz› zu sein, um ein erfülltes, vollständiges Leben zu führen, gab es im antiken Griechenland genauso wie in Asien oder im christlichen Europa. Die jahrhundertealten Bilder und Vorstellungen verschwanden nie gänzlich, sondern wirken bis heute in uns fort.

Im antiken griechischen Mythos beispielsweise gab es das Bild von Mann und Frau als zwei Hälften, die sich gemeinsam wieder zu einem Ganzen vereinigen sollen: Göttervater Zeus zerteilte den ursprünglich vierbeinigen Menschen in zwei Teile – seitdem versuchte Eros, der Gott der Liebe, aus Zweien wieder Eins zu machen. Jeder Mensch, so glaubten die alten Griechen, ist das Gegenstück eines anderen und sucht ewig nach seiner Vervollkommnung.

Die Idee der asiatischen Philosophie ist die Einteilung der Welt in die zwei gegensätzlichen Prinzipien Yin und Yang. Das weiße Yin steht unter anderem auch für das männliche Prinzip, das schwarze Yang für das weibliche. Das gegensätzliche Paar tritt in der fernöstlichen Philosophie immer gemeinsam auf, und beide Hälften stärken sich gegenseitig. Die Lehre sagt, dass Yin und Yang aus einem gemeinsamen göttlichen Ursprung entstanden sind und zum Gleichgewicht streben – nur dann können sich himmlisches und irdisches Glück einstellen.

Auch christliche Theologen und Philosophen glauben seit Jahrhunderten an die partnerschaftliche Liebe als vereinigendes, göttliches Prinzip. Jesus propagierte: «So sind sie (d. h. Mann und Frau) nun nicht mehr zwei, sondern ein Fleisch. Was denn Gott zusammengefügt hat, soll der Mensch nicht scheiden.» Und über die Sexualität heißt es in der Bibel: «Der Mann erkannte seine Frau.» Den anderen zu erkennen, zu verstehen, sich ihm zu öffnen, ist sicherlich eine Vorstellung, die unseren Begriff von sexueller Treue geprägt hat: Sex soll mehr bedeuten als nur körperliche Vereinigung. Das letztendliche Ziel der Liebe zwischen Mann und Frau ist auch in der christlichen Tradition die vollständige, gottähnliche Einigkeit.

Der Glaube an einen erlösenden Gott trägt zunehmend weniger Menschen durchs Leben – aber gleichzeitig benötigen wir heute, im Zeitalter der Individualität, besonders viel Kraft und Durchsetzungsvermögen. Verständlich also, wenn für viele Menschen nun der Partner und seine Liebe die Rolle eines Erlösers einnehmen sollen.

Die Tragik der Liebe

Partnerschaften zwischen Mann und Frau waren über Jahrhunderte an die Institution Ehe gebunden. Die Ehe diente verschiedenen Zwecken. Zum einen natürlich der Fortpflanzung, zum anderen sicherte sie die wirtschaftliche Grundlagen von Mann und Frau und das Recht der Erben auf die Güter des Mannes.

In vielen alten Kulturen – wie z. B. bei den Griechen, den Römern, den Babyloniern und den Germanen – hatte der Mann das Recht auf außereheliche sexuelle Beziehungen. Scheidungen waren kein Tabu. Mit dem Christentum änderte sich das. Im Neuen Testament werden andere Regeln aufgestellt: Die Unauflöslichkeit der Ehe und das Gebot der Treue gelten als göttliches Gesetz.

Das christliche und das vorchristliche Ehemodell verbindet jedoch, dass sie in erster Linie Zweckgemeinschaft und Versorgungsbündnis gewesen sind. Sie ermöglichten Mann und Frau, gemeinsam das Leben zu meistern. Die Rollen waren klar und deutlich definiert: Der Mann sorgte durch seine außerhäusliche Arbeit für Geld und Brot. Die Frau war für die Aufrechterhaltung seiner körperlichen und geistigen Kraft zuständig, versorgte ihn, die Kinder und das Haus. Liebe war bei diesen Abkommen meistens nur eine Randerscheinung.

Seit der Romantik – also seit rund 200 Jahren – sind dauerhafte Beziehungen zwischen Männern und Frauen von einem anderen Denken bestimmt: Zwei gefühlvolle Individuen schließen sich zu einem liebenden Paar zusammen. Die Partner lieben sich ausschließlich, sind ganz aufeinander konzentriert, die Umwelt und der Alltag spielen eine untergeordnete Rolle. Wesentlich sind die Gefühle der Liebenden füreinander, ihr Sehnen nach symbiotischer Vereinigung.

Natürlich leben wir Liebe heute anders. ‹Partnerschaft› ist das Stichwort. Man verlässt sich aufeinander, unterstützt sich gegenseitig, versucht ein möglichst offenes, freundschaftliches, gerechtes Verhältnis zu finden, mit viel Verständnis für die Autonomie des anderen. Wir wollen Balance, Gerechtigkeit und gemeinsame Ziele, eben alles, was eine gute Partnerschaft ausmacht. Und wir wollen die unvernünftige, romantische, alle Regeln über Bord werfende Liebe.

Wir wollen maßlos lieben, und zugleich wollen wir, dass bestimmte Regeln eingehalten werden. Wir wollen den anderen annehmen, wie er ist – aber er soll sich so verhalten, wie wir es uns wünschen. Wir wollen voll und ganz akzeptiert und geliebt werden, so wie wir sind – auch wenn wir selbst unseren Partner nur unter bestimmten Bedingungen lieben können. Wir wollen unsere Individualität ausleben können, und wir wollen, dass unser Partner uns auffängt, wenn und weil das autonome Leben uns zu schwer geworden ist. Wir wollen uns in der Liebe verlieren dürfen und zugleich selbständig bleiben. Wir wollen uns mit dem anderen entwickeln, aber uns nicht für ihn aufgeben.

Wir wollen eine Liebe, in der einfach alles stimmt und zueinander passt: Interessen, Gefühle, Lebensplanung und Sex, Ruhe, Vertrautheit, Aufgehobensein, Höhenflüge und Sinnlichkeit. Eine Liebe, die zugleich freundschaftlich und zärtlich als auch leidenschaftlich ist.

Kann Liebe das leisten? Kann ein Mensch einem anderen all diese Wünsche erfüllen? Häufig meinen wir, es sollte möglich sein, einen Großteil dieser Ansprüche zu verwirklichen – denn schließlich sind wir doch bereit, uns zu verändern und zu bessern! Wir haben gelernt, nicht mehr zu viel zu wollen und unsere Fehler sowie Unzulänglichkeiten zu überwinden – um so endlich ‹richtig› zu lieben und zurückgeliebt zu werden. Das, so glauben wir im Zeitalter der Therapien und Therapeuten, der Psychoreportagen in Magazinen und unzähliger Ratgeberbücher, muss doch möglich sein! Immer wieder wird uns weisgemacht, dass letztendlich alle Beziehungsprobleme zu lösen sind, dass es Rezepte gibt, die die Liebe ewig und glücklich sein lassen. Geduld und Nachsicht, Toleranz und Respekt, Kommunikation und Einsicht sind die Bestandteile solcher Rezepturen. Und natürlich gibt es auch für das konkrete Problem Untreue Lösungsvorschläge. Sie sollte zu beseitigen sein, wenn man nur hart und entschlossen genug an sich und dem Partner arbeitet. Oder andersherum: Man sollte in der Lage sein, seinen Partner größtmögliche Freiheit zu schenken und zu akzeptieren, wenn er das sexuelle Abenteuer auch außerhalb der Beziehung sucht. Das Fazit, an das wir zwangsläufig glauben müssen, wenn wir uns auf den Rat der Beziehungsexperten und Therapieansätze einlassen:

Wenn wir uns nur genug anstrengen, an uns und dem Partner arbeiten, sollte es doch wohl möglich sein, endlich ein glücklicher Mensch zu werden. Wenn wir uns nur genug bemühen, dann sollte sie doch machbar sein, die treue, ‹ganzheitliche› Beziehung, die echte, große Liebe.

Bei den Zen-Buddhisten kann man kluge Anregungen und Gedanken finden, die uns vielleicht helfen können, wenigstens etwas gelassener zu werden: «Leben ist Leiden», sagen die Zen-Meister, und: «Ursache des Leidens ist die ewige Begierde nach Haben und Sein.» Tatsächlich leiden wir, weil wir unseren Partner ‹haben› wollen. Weil wir ihn so haben wollen, wie wir ihn brauchen. Weil wir ganz ihm gehören wollen und umgekehrt.

Jeder, der sich eine Beziehung wünscht als ein Modell, das die ganze Identität erfasst – den Kopf, den Körper und die Seele –, der wird immer wieder einmal enttäuscht werden, wenn und weil kein Partner all diese Ansprüche jederzeit ganz erfüllen kann. Eine Frau, die mit einem Casanova zusammen ist, wird besonders nachdrücklich darauf hingewiesen, dass ihre Wünsche Illusionen sind – weil ihr Partner eben ganz offensichtlich ein völlig anderes Beziehungsmodell lebt. Eines, in dem der Körper sich immer wieder ausklinken kann. Eines, in dem die seelische Dimension von Sex keine große Rolle zu spielen scheint.

Jedem Liebenden wird es immer wieder vor Augen geführt: Liebe ist Sehnsucht. Liebe ist Leiden an unerfüllten Wünschen, Liebe ist Lernen. Jeder kommt früher oder später an den Punkt, an dem er erkennen muss, dass der Partner nicht dem Bild entspricht, das man sich von ihm gemacht hat. Und auch all das, was man sich von der Beziehung zu ihm erwünscht und erwartet hatte, ist nicht in Gänze zu realisieren.

Das ist die Tragik jeder Beziehung: Man kann sich mit seinem Partner und in seiner Beziehung nur begrenzt verwirklichen. Immer wird es Bereiche geben, in denen die Partner sich nicht richtig verstehen und verstanden fühlen können; immer nur sind es Momente, in denen man sich beim Partner absolut aufgehoben und glücklich fühlen kann.

Die Frauen der Casanovas müssen besonders deutlich immer wieder erkennen, was die Liebe und jede Beziehung so schwierig macht: Dass jeder von seinem Partner getrennt und verschieden bleibt. Sie müssen erfahren, dass ihr Partner sie nur begrenzt lieben und verstehen kann – genauso wie sie selbst auch ihn letztendlich nur begrenzt lieben und verstehen können. Und sie müssen immer wieder akzeptieren, dass ihr Wunsch, sich eine Heimat, ein gemeinsames ‹Zuhause›, eine gemeinsame Welt zu schaffen, den Partner eingrenzt und ihm Angst macht.

2. Affären – Suche nach sich selbst

In diesem Buch geht es auch um die Verhaltensmuster, denen fremdgehende Männer folgen – um verschiedene Aspekte, die auf Männer zutreffen, die Sex mit immer neuen Frauen haben. Wer regelmäßig auf der Suche nach dem sexuellen Abenteuer ist, wer immer aufs Neue aus seiner Beziehung ausbricht, folgt zwar keinem Programm, ist aber höchstwahrscheinlich von einigen sehr spezifischen Beweggründen angetrieben. Dazu gehören Probleme im Umgang mit Nähe, die Angst vor der Auseinandersetzung mit sich und der Partnerin, die Suche nach dem immer währenden Kick der jungen, frischen Liebe und der Wunsch nach Anerkennung.

Fremdgehen – Weg zum inneren Gleichgewicht?

Es gibt jedoch einen inneren Konflikt, der nicht Casanova-spezifisch ist, sondern in nahezu jedem Menschen wirkt. Fest steht: Es gibt zwei Bedürfnisse, die tief in uns verankert und kaum miteinander in Einklang zu bringen sind. Auf der einen Seite der Wunsch nach Beständigkeit, Treue und einer Partnerschaft, in der man sich geborgen fühlen kann. Auf der anderen Seite existiert in den meisten Menschen aber auch das Bedürfnis nach Abwechslung, Neuanfang und Weiterentwicklung.

Sex mit wechselnden Partnern ist eine Möglichkeit, dem Wunsch nach Abwechslung nachzugeben und die Seiten der Persönlichkeit auszuleben, die in einer festen Beziehung oft nicht mehr verwirklicht werden können.

Wer fremdgeht, bricht aus gewohnten Bahnen aus, die er dennoch nicht endgültig verlassen möchte. Er sucht das Abenteuer, gibt der Neugier auf das Ungewisse, das Unvertraute, das Unvorhersehbare nach.

Frauenhelden sind, positiv gesagt, auf der Suche nach ihrem inneren Gleichgewicht. Sie möchten Aufbruch und Nähe, Leidenschaft und Ruhe. Sie möchten Bedürfnisse, Gefühle, Eigenschaften und Energien ausleben, die sie so mit ihrer Partnerin nicht (mehr) realisieren können. Sie möchten ihre Lust genießen, ihre Freiheit und das wunderbare Gefühl, andere Menschen verführen und erobern zu können. Sie möchten bewundert werden für vieles, was ihre feste Partnerin nicht (mehr) an ihnen schätzt.

Generell geht es beim Fremdgehen um Selbstentfaltung, um den Wunsch nach einem Freiraum außerhalb der Beziehung.

Wer aus der Vertrautheit seiner Beziehung ausbricht, tut es in der Regel auch deshalb, weil in der Geborgenheit einer festen Beziehung überraschender, außergewöhnlicher Sex eher selten stattfindet. Lust und Erregung gibt es ja gerade dort, wo es eben nicht vertraut und gewohnt ist: In der Fremde sucht man das Abenteuer, das Unbekannte. Wer das sexuelle Abenteuer sucht, bricht aus, entdeckt und erobert das Neue, sucht die Spannung.

Nach neuen Erfahrungen zu suchen ist per se nichts Falsches. Wer diesen Wunsch ständig unterdrückt, würde sich bald nur noch gefangen fühlen. Jeder, der in einer festen Beziehung steckt, spürt oder weiß, dass sein Partner ihm nicht alle Bedürfnisse erfüllen kann. Es ist unmöglich, in einer Partnerschaft all seine Neugier auf Neues, seine Interessen und Sehnsüchte verwirklichen zu können. Wenn es um Opernbesuche oder den Gang ins Fußballstadion geht, ums Tanzen oder Joggen, ist jedem klar: Man darf und kann seine Bedürfnisse mit anderen verwirklichen, wenn es in der Beziehung nicht möglich ist. Auch Neugier auf andere Menschen und die Lust am Zusammensein mit Freunden ist akzeptiert – denn nur wer offen bleibt für Neues und sich von anderen inspirieren lässt, kann auch für seinen Partner eine Herausforderung bleiben. Selbst Flirts sind für die meisten Menschen statthaft – jeder genießt das angenehme Gefühl, wieder einmal ganz neu anerkannt und wahrgenommen zu werden.

Wenn es um Sex geht, gelten in unserer Gesellschaft jedoch andere Regeln – dieses Bedürfnis soll und darf nur innerhalb der Zweierbeziehung geteilt werden. Sex ist nicht anerkannt als ein Weg, sich auch außerhalb der Partnerschaft zu entfalten, sich zu finden, neue oder verschüttete Seiten an sich zu entdecken.

Der Begriff der Treue wird also meist auf das Sexuelle reduziert. Wenn Partner sich voneinander entfernen, sich miteinander langweilen, nicht mehr aneinander interessiert sind oder sich unterschwellig anfeinden, gilt das nicht als Zeichen von Untreue – auch deshalb, weil diese Art der Distanzierung von der Beziehung nicht so fassbar und konkret ist, wie es Seitensprünge sind.

Sex wird moralisch bewertet: Er steht für eine intensive Vertrautheit, die mit niemandem sonst geteilt werden kann und soll. Natürlich ist es etwas anderes, mit einem Dritten Joggen oder ins Konzert zu gehen, als den Körper eines anderen zu erleben und ihn ganz nah zu spüren. Es ist etwas anderes – aber von welcher Qualität dieses Andere ist, lohnt hinterfragt zu werden.

Sex – Gradmesser für Harmonie und Konflikte

Wenn wir begreifen wollen, warum wir so verletzbar sind, wenn es um Sexualität in der Beziehung geht, müssen wir zunächst herausfinden, was Sex uns und unserem Partner eigentlich bedeutet.

Abgesehen davon, wie wir Sexualität ganz subjektiv empfinden und bewerten, sind wir natürlich beeinflusst von der bei uns geltenden gesellschaftlichen Vorstellung, dass Sex und Liebe zusammengehören. Sexualität ist dann besonders ‹gut›, wenn sie aus Liebe heraus stattfindet. Und umgekehrt: Liebe braucht Sexualität.

Besonders Frauen fühlen sich von solchen Vorstellungen angesprochen – weil sie darin ihr Bedürfnis nach einer intensiven Beziehung bestätigt sehen.

Für viele Frauen hat Sex immer auch die Qualität von seelischer Intimität und größtmöglicher Nähe. Einer Nähe und Verbundenheit, die zumindest für die kurze Zeit des Miteinanderschlafens symbiotisch sein kann.

Die meisten fremdgehenden Männer argumentieren anders: Ihnen würde es bei ihren Affären ‹nur› darum gehen, den Körper der anderen Frau zu erobern und so – im weitesten Sinne – ihre Potenz zu bestätigen. Das kann man als ewig gestrigen Machismo verurteilen oder als eine fremde Einstellung akzeptieren, dennoch betrachten Casanovas Sex als Mittel, sich als Mann zu beweisen und Anerkennung zu erlangen. In ihrer festen Beziehung mag es ihnen möglich sein, kurzfristige Vertrautheit und liebevolle Verbundenheit zu spüren – die Verbindung von Sex mit Hingabe und Nähe ist für sie jedoch keinesfalls zwangsläufig.

Grundsätzlich kreisen wir in unseren Beziehungen um unsere Gefühle oder konkreter darum, dass unsere emotionalen Bedürfnisse befriedigt werden. Sex ist ein solches Bedürfnis.

Das Bedürfnis nach Sex vermengt sich in Beziehungen mit der Angst, enttäuscht, verletzt oder verlassen zu werden.

Sex in einer festen Partnerschaft ist eine komplizierte Angelegenheit.

Am Anfang einer Beziehung bedeutet Sex, dass man die Grenzen seines Partners überwindet und ihm näher kommt. In der laufenden Beziehung dann spielt Sex eher eine andere Rolle: Es ist eine Ausdrucksform, mit der sich beide Partner zeigen, wie nah und harmonisch sie einander verbunden sind. Nähe und Harmonie sind aber immer wieder gefährdet durch zahlreiche Konflikte und Verletzungen – und somit ist auch die Sexualität in der Beziehung immer wieder gefährdet.

Über die Sexualität kann in einer Partnerschaft die ganze Bandbreite von Harmonie und Konflikten ausgedrückt werden. Affären können dabei eine Möglichkeit sein, verschiedensten Problemen auszuweichen:

‹Lass mir meine Freiheit, du engst mich zu sehr ein.›

‹Ich will zu viel von dir – das macht mir Angst.›

‹Du allein kannst mir nicht geben, was ich brauche.›

‹Ich habe zu viele Probleme mit dir und will lieber unbeschwert einfach nur verliebt sein.›

Sexualität hat viel damit zu tun, ob wir uns als Beziehungspartner und als Mann oder Frau sicher fühlen:

Nur wer ein gutes Selbstwertgefühl hat, kann auch seine Sexualität befriedigend erleben und ausleben. Und gleichzeitig steigert befriedigender Sex das Selbstwertgefühl.

Wer allerdings von seiner Beziehung und der Sexualität verlangt, dass sie immerzu möglichst befriedigend und intensiv ist, der wird zwangsläufig außerhalb der Beziehung nach Sex suchen.

Wer langweilige oder gar anstrengende Phasen der Beziehung schlecht erträgt, weil sie seinem Selbstwertgefühl eben nicht dienlich sind, der wird außerhalb der Beziehung nach einer Möglichkeit suchen, sich selbst zu bestätigen.

Affären – Chance für neue Fragen

Für den, der seine Partnerschaft als befriedigend und erfüllend erlebt oder sich – aus welchen Gründen auch immer – bequem in ihr eingerichtet hat, ist es beängstigend zu erleben, wie der andere ständig auf der Suche nach neuen Erfahrungen ist.

Aber auch wer daran glauben möchte, dass es den einzigen, den wahren Partner gibt, dass umfassendes Glück in einer Beziehung möglich ist, mag nicht akzeptieren, dass vielleicht auch ein ganz anderes Beziehungsmodell gültig sein könnte. Ein bedeutend unromantischeres, in dem die Partner eben nicht in jeder Hinsicht geistig, erotisch und emotional im Gleichklang sind oder zumindest miteinander zurechtkommen können. Ein Modell, in dem es für jeden viel mehr Freiräume gibt, als man üblicherweise glauben mag und meint, ertragen zu können.

Frauen, die mit einem Casanova zusammen sind, stellen sich immer wieder die gleichen Fragen:

Bin ich wertlos und ungenügend, wenn und weil mein Partner immer wieder aus der Beziehung ausbrechen muss?

Entzieht sich mein Partner mir und unseren Problemen?

Oder geht er einfach nur seinen eigenen Weg an meiner Seite?

Wenn mein Partner durch seine Affären seine persönliche Entwicklung fördert – hindere ich ihn dann an seiner Entfaltung, wenn ich mir sexuelle Treue wünsche?

Wer sich mit diesen Fragen auseinander gesetzt hat, der wird möglicherweise so weit sein, sich auch noch einer letzten Frage zu stellen, die sehr viel Toleranz und Einsicht erfordert: Ist es meinem Partner möglich, Sex ganz anders als ich zu empfinden? Unverbindlicher, weniger intim? Verletzt mich das, oder macht es mir das leichter, seine Affären zu ertragen?

Die Partnerin eines Casanovas kann möglicherweise lernen, zu akzeptieren, dass Lust und Erregung *auch* außerhalb der Beziehung ausgelebt werden können. Sie mag akzeptieren können, dass Sex für einen selbstbewussten Menschen immer etwas sehr Wichtiges sein kann: Erotik als eine Möglichkeit, sich zu erfahren und Grenzen zu überschreiten – innerhalb und auch außerhalb der Beziehung. Sie kann unter Umständen die Einsicht haben, dass Affären für ihren Partner immer auch Atempausen sind, in denen er sich vom Beziehungsalltag erholen kann; es sind Erfahrungen für ihn, die ihn weiterbringen können.

Diese Einsichten können sehr hilfreich sein – wenn der fremdgehende Mann tatsächlich selbstbewusst ist und reflektiert mit seinen Affären umgeht. Wenn er also in der Lage ist, sich mit sich selbst, seiner Partnerin, der Beziehung und seinen Liebschaften auseinander zu setzen.

Mit einem Casanova als Gegenüber bleibt die Erkenntnis, dass Affären auch eine positive Seite haben können, seltsam theoretisch. Sie kann gefühlsmäßig kaum verinnerlicht werden. Dazu bleiben zu viele Fragen offen:

Setzt sich ein Casanova, der eine Atempause nach der nächsten braucht und von Erfahrung zu Erfahrung rennt, mit sich selbst und seiner Beziehung tatsächlich noch auseinander?

Kann er sein Verhalten noch hinterfragen, wenn er seine Lust ständig in Affären auslebt und immerzu damit beschäftigt ist, nach neuen Sexualpartnerinnen Ausschau zu halten? Wahrscheinlich würde das Selbstbild eines Frauenhelden erheblich ins Wanken geraten, wenn er nach Antworten für sein Verhalten suchen würde. Er müsste sich fragen, ob er Sex nicht in erster Linie benutzt, um sich Beziehungskonflikten zu entziehen und Anerkennung zu erfahren. Und er müsste herausfinden, warum er sich seiner Partnerin entzieht:

Traut er ihr nicht?

Will er sie bestrafen?

Befürchtet er, ihr als Liebhaber nicht zu genügen?

Hat er Angst, seine Freiheit zu verlieren?

Nimmt er ihr die eingeforderte Aufmerksamkeit übel?

Möchte er ihr gegenüber nicht mehr so tun müssen, als sei er ein starker, perfekter Liebhaber?

Problematisch ist eine Beziehung nicht einfach deshalb, weil der Casanova immer wieder fremdgeht. Problematisch ist sie, wenn der Casanova sein Verhalten selbst nicht infrage stellt, wenn er einfach nur immer wieder Grenzen überschreitet – und wenn seine Partnerin es zulässt, dass ihre Grenzen verletzt werden.

Beziehung bedeutet bei aller Autonomie der Partner immer auch, einen gemeinsamen Weg zu gehen, ein gemeinsames Ziel zu verfolgen. Um herauszufinden, welcher Weg und welches Ziel verfolgt werden sollen, braucht es den Dialog:

Was erwarte ich?

Was erwartest du?

Wovon sind wir enttäuscht?

Hat sich einer von uns innerlich zurückgezogen, weil er nicht bekommt, was er sich wünscht?

Ein Paar, das sich auf diese Fragen einlässt, hat noch nicht gewonnen – schon gar nicht die sexuelle Treue. Ein Casanova wird durchaus weiter fremdgehen, auch wenn er beginnt, über sich zu sprechen. Aber im Dialog können er und seine Partnerin herausfinden, was Sex, Liebe und Beziehung für beide bedeuten und ob ihre Vorstellungen miteinander vereinbar sind.

Das können dann mögliche Momente sein, in denen es für die Partnerin des Casanovas nicht mehr nur um ihre verletzten Gefühle gehen muss – sondern um die Qualitäten der Beziehung jenseits der eingefahrenen Täter-Opfer-Struktur. Der ehrliche und bestimmt schmerzhafte Dialog ist letztendlich die einzige Chance, um herauszufinden, ob es trotz der Seitensprünge noch ausreichend wertvolle und schöne Gefühle zwischen beiden gibt, für die es sich lohnt, die Beziehung aufrechtzuerhalten.

3. Der Casanova

Männer, die immer wieder fremdgehen, sind nicht ‹böse›. Die sehr spezielle Art und Weise, auf die Casanovas mit Liebe und Partnerschaft umgehen, ist größtenteils unbewusst gewählt. Im allerseltensten Fall verletzen Casanovas ihre Partnerinnen mit Absicht und nehmen sich gezielt vor, ihre Grenzen nicht zu wahren. Und es ist fast nie ein durchdachter Entschluss, permanent vor Nähe zu flüchten. Auch wenn ein Casanova seine Partnerin nicht willentlich verletzt, nimmt er jedoch ihre emotionalen Verwundungen bewusst in Kauf. Das Leiden seiner Partnerin ist für ihn quasi ein unvermeidlicher, gegebener Störfaktor, über den er sich aber bewusst hinwegsetzt.

Hier ist die Rede von Männern, die immer wieder, dauerhaft, in Serie und geradezu zwanghaft fremdgehen. Zwanghaft ist ein sehr aufgeladener Begriff, aber er beschreibt dennoch gut, was Casanovas tun: Sie können scheinbar nicht aufhören, Affären zu haben. Sie wiederholen ihr Verhalten immer wieder, selbst wenn sie spüren, dass es ihrer Beziehung, ihrer Partnerin oder auch ihnen selbst nicht gut tut. Bei aller Freiheit, die der Casanova sich immer wieder nimmt – letztendlich erscheint er gezwungen, unfrei, getrieben.

Wenn wir wiederholtes Fremdgehen verstehen wollen, darf es nicht darum gehen, es zu entschuldigen (‹Er kann eben nicht anders›) oder es zu verurteilen (‹Er verletzt mit Absicht›). Es sollte vielmehr darum gehen, bestimmte Mechanismen zu erkennen – um sich selbst durch das Verstehen neue Möglichkeiten zu eröffnen.

Dem Casanova selbst sind diese Mechanismen nicht oder kaum bewusst, und wenn, dann meistens nur sehr oberflächlich. Ein Frauenheld, der tatsächlich darum weiß, was ihn ‹treibt›, muss dieses Wissen verdrängen. Denn würde er genauer hinsehen und sich auf seine Fähigkeit zur Selbsterkenntnis einlassen, dann würde es an seine Substanz gehen. Er müsste sein Verhalten – womöglich sogar sein ganzes Beziehungsleben – verändern. Veränderung und Bewegung aber sind anstrengend. Für viele fremdgehende Männer ist das ein allzu großer Schritt, der ihnen, bewusst oder unbewusst, Angst macht. Deshalb sind die Begründungen der Casanovas für ihr Verhalten meist unspezifisch oder ausweichend: ‹Ich bin nun mal so›, oder: ‹Männer sind nun mal so.› Immer wiederkehrende Stichwörter, wenn Casanovas über ihr Lebens- und Beziehungsideal sprechen, sind: Männlichkeit, Freiheit und Unabhängigkeit.

Ein einschlägiges Modell, mit dem wiederkehrende Untreue zu erklären wäre, gibt es nicht. Es gibt keine eindeutigen Gesetze oder Richtlinien, denen Casanovas folgen. Festhalten lässt sich nur, dass fremdgehende Männer anfälliger als andere für bestimmte Auslöser sind, die ihnen eine treue Beziehung unmöglich machen.

Wann ist ein Mann ein Mann?

Gesellschaftliche Erwartungen und Normen spielen eine wichtige Rolle, wenn es um das Verhalten des einzelnen Menschen geht.

Heute gehen wir – trotz einer erneuten Popularität der biologischen Argumente – davon aus, dass der einzelne Mensch in seiner Entwicklung weniger durch biologische Zwänge (etwa durch die Gene), sondern stark durch kulturelle und soziale Einflüsse geprägt wird. Das bedeutet, dass Männer und Frauen ihre männliche oder weibliche Identität daran orientieren, was ihnen ihre Umwelt vorlebt und welche Erwartungen dabei an sie herangetragen werden.

Inwieweit spiegelt nun der Casanova – als ein ‹Bild› von einem Mann – erlerntes männliches Verhalten wider?

Werfen wir einen kurzen Blick auf *den* Casanova – jenen Giacomo Casanova, der im Venedig des 18. Jahrhunderts lebte und durch seine Memoiren unser Bild des ‹idealen› Frauenhelden entscheidend geprägt hat.

Giacomo Casanova ging es bei all seinen Affären um das Erfolgserlebnis der Eroberung, um die Trophäe, das Bezwingen der Geliebten. Casanova war bewusst, dass nichts erotischer ist als das Werben, vor allem aber das Tabu. Dieses in einem genau kalkulierten Spiel zu brechen war sein Lustgewinn.

Es zeichnet Casanova aus, dass er nicht nur ein Frauenheld war, sondern auch Diplomat, Dichter, Übersetzer, Historiker, Mathematiker, Theaterimpresario und vieles mehr. Als Diplomat konnte er seine Verführungskünste an allen europäischen Höfen ausleben – und gleichzeitig überall als aufklärerischer Freigeist auftreten, der sich in keiner Hinsicht scheute anzuecken. Wegen seines allzu lockeren Lebenswandels wurde Casanova schließlich in die berüchtigten Bleikammern des venezianischen Gefängnisses geworfen – aus denen er entkam. Diese Flucht, die noch keinem vor ihm geglückt war, machte ihn endgültig zum Helden.

Das Bild, das wir bis heute von Casanova haben, ist das eines wahrhaft virilen Mannes: Giacomo Casanova vereinte männliche Tugenden wie Eroberungsdrang, Klugheit, Tatkraft und Risikobereitschaft in sich.

Der leibhaftige Casanova hat sich seinerzeit für ein sehr ‹männliches› Leben entschieden. Eines mit Aspekten, die manchen Männern auch heute noch reizvoll erscheinen – selbst wenn das Spiel eines Frauenhelden immer die Möglichkeit beinhaltet, dass es auf Kosten anderer gehen kann.

Es wäre dennoch zu einfach, Giacomo Casanova und die Frauenhelden unserer Tage deshalb als abgebrüht oder gefühlskalt zu verurteilen.

Ganz im Gegenteil: Mehr als viele andere Männer sehnen die heutigen Casanovas sich nach Liebe und Geborgenheit – deshalb lassen sie sich ja überhaupt auf eine feste Partnerin ein. Was hindert Frauenhelden also daran, sich ihr Glück in der Partnerschaft zu erobern?

Die Antwort klingt überraschend und schlicht, weist aber auf ein sehr komplexes Problem: Die meisten Casanovas haben tatsächlich niemals wirklich für sich geklärt, was Männlichkeit für sie bedeutet.

Die Definition von Männlichkeit ist auch ungemein schwer. Auf Männern lasten heute wie früher ganz besondere Erwartungen und Ansprüche.

Trotz der Emanzipationsbewegung verbergen sich hinter dem Begriff ‹Männlichkeit› immer noch die altbekannten Attribute. Das Image des attraktiven, erfolgreichen Mannes ist geprägt von Stärke, Macht, Kampf, Konkurrenz. Nach wie vor wird von Männern erwartet, dass sie gewinnen wollen, immer Sieger sein wollen. Mit diesen Erwartungen werden zahlreiche weitere Bilder assoziiert: Männer sollen Abenteurer sein, die wagemutig und ungebunden die Welt durchstreifen. Sie sollen furchtlos sein und kämpferisch. Sie sollen alles wissen und können und haben es nicht nötig, andere um Rat zu fragen. Sie sollen perfekte Liebhaber sein, die jederzeit mit jeder Frau Sex haben können. Männer sollen eine Frau und eine Familie versorgen und beschützen können. Und natürlich sollen sie bei alledem doch auch noch Gefühle zeigen – sich verletzlich zeigen können, romantisch sein, sich einfühlen in ihre Partnerin und in jeden, der schwächer ist als sie.

Diese Forderungen sind unrealistisch und widersprüchlich. Das Gefühl, ihnen nicht zu genügen oder so nicht sein zu wollen oder zu können, kennt die überwiegende Anzahl aller Männer. Wer sich traut, es auszusprechen, gibt zu: ‹Ich fühle mich täglich überfordert.›

Auch wenn Männer heute oft sehr selbstkritisch sind und ihre Männerrolle reflektieren, kann es ihnen dennoch kaum möglich sein, alles, was sie bereits in der Kindheit über das Mannsein gelernt haben, abzulegen. Sie sind eben Teil einer Gesellschaft, in der die Gleichberechtigung immer noch nicht in der Gegenwart angekommen ist. In der Realität gibt es eine Hierarchie zwischen Mann und Frau, sodass beide Geschlechter nach wie vor mit völlig unterschiedlichen Erwartungen belastet werden.

Die meisten Männer fühlen sich durch die Konfrontation mit den alten Bildern von Männlichkeit verunsichert und haben das Gefühl, zwischen allen Stühlen zu sitzen. Viele Männer möchten gleichzeitig emanzipierter, ‹neuer› Mann sowie traditioneller Kerl sein und versuchen schwankend das Gleichgewicht zwischen beiden Modellen zu halten.

Dass der reine Softie nicht gefragt ist, spüren alle: Weder die Frauen noch die Gesellschaft wollen einen verweichlichten Mann, der sich vorrangig sensibel, einfühlsam, nachgiebig und vermittelnd verhält.

Unsere westliche Weltanschauung lässt den gefühlvollen Mann nicht wirklich zu: Subjektivität und Gefühl mögen schöne Ziele sein – wirklich anerkannt sind jedoch Objektivität und Wissen. Und hier liegt bereits der erste entscheidende Ansatzpunkt verborgen, der es Männern leicht machen kann, bewusst oder unbewusst in die Rolle eines Casanovas zu schlüpfen und Probleme mit gefühlvoller Nähe zu entwickeln.

Objektivität und Distanz sind ganz eindeutig vorteilhafte Eigenschaften, wenn man – den Regeln der westlichen Kultur folgend – in unserer Gesellschaft erfolgreich bestehen will. Wer ‹tough› ist, die Dinge distanziert betrachtet und scheinbar objektiv handelt, hat alles im Griff und unter Kontrolle – und ist deshalb erfolgreicher als jener, der sich von seinen Gefühlen leiten lässt.

Die Psychologie hat in den letzten Jahrzehnten allerdings bewiesen: Der Mensch sehnt sich nicht nach Distanz, sondern nach Bindung. Er braucht sie sogar, um überleben zu können. Diese Erkenntnisse der Psychologie und die geltenden Normen stehen sich jedoch unversöhnlich gegenüber. Das Bedürfnis nach Nähe mag gefühlsmäßig in jedem verankert sein – dennoch gilt in unserer Kultur: Nähe und Bindung bedeuten auch Abhängigkeit. Abhängigkeit ist das Gegenteil von Autonomie und Distanz. Zwangsläufig muss sich also jeder Mann, der sich frei, souverän und durchsetzungsfähig in dieser Gesellschaft beweisen will, distanzieren und trennen können. Ein Mann ist umso mehr ein ‹normaler› Mann, je stärker er sich diesen Bedingungen anpasst, rational und eigenständig handelt und sich von seinen Gefühlen nicht unterkriegen lässt. Keine gute Grundlage für seine Fähigkeit zu lieben!

Männer ringen darum, alte und neue Rollenmodelle zusammenzufügen, um zu ihrer ganz eigenen, neuen Männlichkeit zu finden. Es ist verständlich, dass sich besonders unsichere Männer immer dann, wenn sie eine Richtung brauchen, für jene Rolle entscheiden, die ihnen die größte Sicherheit verspricht: die traditionelle Männerrolle. Sie besteht vor allem aus Erfolg – und Erfolg gibt es nur, wenn man etwas leistet, kämpft, mutig ist, alles wagt, sich durchsetzt, auf Gefühle weitestgehend verzichtet. Ein richtiger Mann – so immer noch wirksame Bilder, die durch Action-Filme, Werbung und Männermagazine vermittelt werden – trotzt dem Sturm, ist ein Pionier, ein Held (... und dabei dennoch in den passenden Momenten zart fühlend und einfühlsam, wenn es denn einem guten Zwecke dient). Andere Männer sind dabei vor allem Konkurrenten, denen man nicht allzu offen gegenübertreten darf. Vorsicht ist angesagt, ein gesundes Misstrauen ist hilfreich und dient als Schutz. Ein echter Mann hat dabei auch noch ein Körperbild zu erfüllen, das ihm Werbung und Medien täglich vorhalten: gesund, stark, schlank und muskulös soll er sein – nicht nur Frauen haben mit Schönheitsidealen zu kämpfen.

Wer erfolgreich im Konkurrenzkampf bestehen will, darf sich körperlich und seelisch nicht allzu verletzbar machen, sollte sich besser etwas verschließen, seine Schwächen verbergen – vor den anderen und am besten auch vor sich selbst. So haben ‹schwache› Momente keine Chance, sichtbar zu werden.

Wer dazu neigt, sich von solchen Leitbildern beeinflussen zu lassen, mag die Überzeugung gewinnen: Nur wer sich schließlich durchgesetzt hat, gewinnt eine Position, einen Status, ist ein richtiger, ‹glücklicher› Mann. Verunsicherte Männer können sich immer wieder darauf zurückziehen, dass persönliches Glück und Sicherheit von harter Arbeit, Erfolg und Leistung abhängig sind. Schon Jungen wird so durch ihre Umwelt und männliche Vorbilder vermittelt: ‹Ich muss kämpfen und mich anstrengen. Ich darf nicht passiv sein, wenn ich ein Mann werden will.›

Der fehlende Vater

Männliche Vorbilder, die mit solchen Rollen brechen, hat kaum ein Casanova erlebt. Wie die meisten Männer hatte auch er einen distanzierten Vater, der ihm fast immer auf irgendeine Weise fern war: Tagsüber bei der Arbeit, abends erschöpft, oft genervt von den Ansprüchen seiner Kinder, allzu häufig bloß ein kritischer, strafender Erzieher. Liebe, so lernt der kleine Junge, zeigen Väter, indem sie arbeiten und die Familie versorgen.

Eine dauernde, intensive und ‹männliche› Verbundenheit mit dem Vater entwickelt sich meistens nicht. Und so genießt der heranwachsende Junge die kostbaren Momente, in denen er seinem Vater helfen darf, das Auto zu warten oder irgendetwas im Haushalt handwerklich zu richten. Vielleicht schaut er zusammen mit dem Vater Sport im Fernsehen oder geht mit ihm auf den Fußballplatz. So lernen viele heranwachsende Jungen in jenen Lebensphasen, in denen sie auf der Suche nach einer eigenen Identität sind: Ein Mann ist, was er tut. Der Vater arbeitet, fährt Auto, repariert Dinge, treibt Sport. Darüber wird auch gesprochen, hier werden Gefühle gezeigt: Die Freude über den Sieg des Fußballclubs, die Wut über andere Autofahrer, der Stolz über den geglückten Geschäftsabschluss. Männlichen Gefühlen wie Ängsten, Zweifeln und Enttäuschungen wird kein Platz eingeräumt. Für den kleinen Jungen, der sich zwangsläufig von seiner Mutter lösen muss, eine eigentlich hoffnungslose Situation. Ein bedürftiges, gefühlvolles und ‹weibliches› Kleinkind darf er keinesfalls bleiben, wenn er kein Außenseiter werden will. Und was es über das übliche Männerbild hinaus wirklich bedeuten könnte, ein Mann zu sein, kann er auch nicht erfahren. Und so lernt der kleine Junge, was ein Mann eben vordergründig so macht: tatkräftig sein und Gefühle verschwinden lassen. Auch Frauen zu erobern entspricht dieser Tatkräftigkeit. Dabei die Emotionen so weit wie möglich auszuschalten zählt einfach dazu.

Der Casanova gehört zu jenen Männern, die nicht wissen, wie sie tradierte und moderne Männerbilder zusammenfügen können. Da ihm das moderne Männerbild unbekannter und suspekter ist als das traditionelle, rettet er sich auf die sichere Seite. Weil ihm der Spagat zwischen Gefühl und Stärke nicht gelingt, entscheidet er sich in weiten Teilen seines Lebens für die traditionelle Männerrolle, da sie scheinbar den meisten Rückhalt bietet. Denn sie ist erprobt, anerkannt, gesellschaftlich akzeptiert. Und sie ist ihm sein ganzes Leben lang vorgelebt und immer wieder abgefordert worden.

Männlich ist, was nicht weiblich ist

Das allerwichtigste Merkmal von ‹echter› Männlichkeit ist, dass sie das Gegenteil von Weiblichkeit ist. Als männlich gilt nur das, was nicht weiblich ist. Männlich ist derjenige, der weibliche Eigenschaften und Anteile verleugnet. Das macht konkrete Beziehungen zu

Frauen durchaus problematisch: Männer müssen sich von Frauen abgrenzen und sehnen sich doch gleichzeitig danach, nicht immer nur männlich sein zu müssen. Und in dieser Sehnsucht wiederum fühlen sie sich bedroht, weil die Frau es schließlich in der Hand hat, den Mann anzunehmen oder ihn abzulehnen. Viele Männer empfinden die Forderungen der Frauen als allzu groß. Sie sollen nicht nur starke Beschützer sein, nicht nur ihre Partnerin unterstützen und auffangen, sondern sie sollen auch noch sensibel und offen sein, gesprächig und gefühlvoll. Viele Männer verzweifeln an den Forderungen, die Frauen an sie stellen – Forderungen, die ihre Partnerinnen oft ganz selbstverständlich stellen, weil ja auch sie bereit sind, viel zu geben. Es sind Forderungen, die Frauen auch deshalb stellen, weil sie die Bilder von dem ‹alten› klassischen Mann genauso wie die vom neuen, sensiblen männlichen Gegenüber in sich tragen.

Viele Männer wissen nicht, was ihre Partnerin sich wirklich an Nähe und Leistung von ihnen wünscht. Ebenso wie Frauen scheitern auch Männer immer wieder an dem unbekannten anderen, an dem Verhalten und dem Gefühlsleben des weiblichen Gegenübers.

Die Angst der Casanovas vor dem unbekannten, weiblichen Gegenüber ist größer als die anderer Männer. Die meisten Casanovas sehen ihre Partnerin und ihre Liebhaberinnen in erster Linie nicht als Menschen mit weiblichen Eigenschaften – sondern als Frauen. Und ebenso wie Männer sind Frauen mit Bildern belegt. Die liebende, fürsorgliche Mutter, die toughe Powerfrau, das anschmiegsame Püppchen, die launische Diva und die bereitwillige Liebhaberin sind nur einige der Klassiker. Vielen Männern fällt es schwer, diese Bilder aufzugeben – wer sich selbst in alten Mustern bewegt, kann kaum für Neues von seinem Gegenüber offen sein.

Tradierte Männerbilder zu verwirklichen mag als bequeme Lösung erscheinen – in Wahrheit ist es sehr anstrengend. Es ist regelrecht stressig, ein Mann zu sein.

Weil Casanovas noch intensiver als die meisten Männer um eine männliche Identität ringen, machen sich bestimmte Symptome bei ihnen verstärkt bemerkbar.

- Weil sie sich gezwungen fühlen, ihre Gefühle unter Kontrolle zu halten, bauen sie oft innerlich allzu viel Feindseligkeit, Aggressivität und Wut auf – die sich immer wieder explosionsartig entladen.
- Weil sie sich gezwungen fühlen, erfolgreich zu sein, versuchen sie oft verbissen, andere und sich selbst zu kontrollieren, und meinen, sich ständig im Wettbewerb beweisen zu müssen.
- Weil sie sich gezwungen fühlen, auch beim Sex etwas leisten und beweisen zu müssen, spalten sie Sexualität häufig von Zärtlichkeit und Emotionalität ab.

Die Folgen der Männerbewegung

Viele Männer sind mit einem klaren Weltbild aufgewachsen, mit einem traditionellen Rollenverständnis von Mann und Frau. Als Erwachsene haben sie sich allerdings damit auseinander setzen müssen, dass das, was sie als ‹männlich› erlebt und gelernt haben, nicht ausreicht, um mit Frauen harmonisch zu leben.

Erwerbstätige Frauen verlangen, dass Kindererziehung und Hausarbeit geteilt werden, fordern Aufmerksamkeit für ihre Probleme, wünschen Trost. Sie verlangen von ihren Partnern, ihnen das zu geben, wofür früher ausschließlich Frauen zuständig waren. Sie fordern einfühlsame Männer – auch in der Sexualität.

Viele Männer fühlen sich von den Frauen nicht nur überfordert, sondern auch permanent kritisiert. Tatsächlich werden sie das auch. Denn vieles, was früher als positive männliche Eigenschaft galt, wird heute differenzierter und kritisch betrachtet. Einst positive männliche Charakterzüge sind heute nur noch Zerrbilder: Ein Mann, der sich in der Tradition seiner Vorväter für leistungswillig hält, wird heute als eindimensionaler, ehrgeiziger Karrierist beschrieben. Ein Partner, der in früheren Generationen als durchsetzungsfähig galt, erscheint nur noch als herrschsüchtig. Und ein Mann, der autonom leben will, gilt heute einfach nur als unfähig, Nähe zuzulassen.

Natürlich haben sich Männer durch die Frauen- und Männerbewegung in den letzten Jahrzehnten verändert. Sie sind sensibler und selbstkritischer geworden, sie wissen, dass sie nicht immerzu der Fels in der Brandung sein müssen, sie sind einfühlsamer und kooperativer als die Männer vorhergehender Generationen.

Von der neuen modernen Frau wird erwartet, dass sie zielstrebig und autonom ihren Weg geht und dabei doch mitfühlend und fürsorglich bleibt. Vom neuen Mann wird mindestens das Gleiche erwartet – die Gegensätze scheinen aber noch größer zu sein: Sensibel soll er sein, seine Frau unterstützen und gleichzeitig doch nicht zu weich, sondern auch selbstbeherrscht, risikobereit, stark und dominant. Denn einen ‹schwachen› Mann will keine Frau an ihrer Seite, sondern einen, der immer wieder auch Herr der Lage ist; einen, der stark und dazu fähig ist, sie aufzufangen. Männern – und zuallererst den Casanovas – machen diese unvereinbaren Vorstellungen es schwer, ein stimmiges Selbstbild zu entwerfen und einen Platz im Leben sowie in einer Partnerschaft zu finden. Wer sich in einer Beziehung beweist, steht seinen Mann. Der Casanova aber hat diesen Mann, den er da stehen soll, noch gar nicht in sich gefunden.

Casanovas haben Angst, sich fest an eine Frau zu binden, weil das bedeuten würde, sich ernsthaft auf die Suche nach einer neuen männlichen Identität zu machen. Es würde bedeuten, erwachsen und mutig zu sein, sensibel und einfühlsam, stark und beherrscht. Auch Frauen scheitern oft an diesen Ansprüchen – aber selbst wenn sie ihr Scheitern als persönliche Schwäche begreifen, ist es doch nichts Unweibliches, schwach zu sein. Es mag ihr persönliches Selbstwertgefühl angreifen – aber nicht ihre weibliche Identität.

Denn Frauen – und das weiß jede Frau – dürfen schwach sein. Ein unsicherer Mann, der an seinen Ansprüchen scheitert, kann jedoch das Gefühl haben, unmännlich zu sein.

Sex – Prestige ist alles

Auch in unserer Kultur gibt es Initiationsriten für Männer.

In der Pubertät sind Gruppen für Jungen sehr wichtig. Auf dem Schulhof, im Fußballverein und nachmittags am Treffpunkt vor der Eisdiele muss jeder Einzelne an seinem Status arbeiten und sich als ‹Krieger› beweisen. Sexuelle Eroberungen gelten dabei als Männlichkeits-Nachweis und heben das Prestige: Wer hat wieder ein Mädchen erobert, wer hat die meisten Widerstände überwunden? Wichtig ist vor allem die Anzahl der eroberten Mädchen. Wer seiner Freundin ‹hörig› ist oder Rücksicht auf sie nimmt, hat in der Cliquen-Hierarchie keine wirklich gute Position. Wer die Partnerin öfters wechselt oder ihr zumindest untreu ist, kann sein Ansehen eher verbessern. In dieser Zeit verinnerlichen viele junge Männer ihre Einstellungen zum anderen Geschlecht: Mädchen sind entweder Sexualobjekt, an dem man sich ausprobieren kann – oder aber sie werden verehrt und kommen ernsthaft als Freundin infrage.

Später ändern sich für die meisten Männer die Kriterien. Es gilt, sich gegenüber der festen Partnerin zu beweisen. Jetzt hängt die Männlichkeit davon ab, die Frau zu befriedigen: Möglichst gut und möglichst oft.

Jeder Mann kennt die männlichen Sexualmythen und weiß, was von ihm verlangt wird. Er mag wissen, dass es nicht die Aufgabe des Mannes ist, die Frau sexuell zu befriedigen, sondern dass es beim Sex um gemeinsame Verantwortung für die Lust geht, um Geben und Nehmen. Der Druck, Leistung zu erbringen, ist jedoch in fast allen Männern tief verankert: ‹Steh deinen Mann!›

Der Casanova ringt mehr als jeder andere darum, seine Leistungskraft, seine Männlichkeit und seine Potenz zu beweisen. Er will stark sein und will auch seinen Phallus stolz und stark sehen. Er will es sich und allen zeigen: wie man Frauen stimuliert und zum Orgasmus bringt. Er ist potent. Und mit dieser Potenz sind zahlreiche Anforderungen verbunden.

Potente Männer sind in jeder Hinsicht durchsetzungsfähig. Im Job, im Alltag, im Bett. Männer, die das Gefühl haben, in ihrem Leben immer nur Leistung erbringen zu müssen, werden das auch auf ihren Penis übertragen. Für sie ist es logisch, dass sie ihre Phallusstärke nicht nur im heimischen Bett beweisen müssen und wollen.

Hinzu kommt noch ein entscheidendes Antriebsmittel: Angst. Jeder Mann weiß, dass sein Penis nicht immer leistungsfähig ist. Der Phallus ist eben doch kein zuverlässiges Symbol männlicher Macht. Er ist nicht beherrschbar. Jeder Mann weiß, dass er nicht immer dann eine Erektion haben kann, wenn er es will. Dass sie ihre Männlichkeit nicht jederzeit beweisen können, macht manchen Männern mehr Angst als anderen. Die Casanovas gehören sicherlich zu den Männern, die hier besonders große Sorgen haben. Wechselnde Frauen geben ihnen jedoch die Möglichkeit, diese Angst immer wieder zu überwinden, ihre Potenz immer wieder zu vermessen und zu überprüfen.

Sexuell etwas zu leisten ist für den Casanova ein Weg, um Bewunderung zu erringen. Egal, wie wackelig die Identität des Casanovas ist: Beim Sex ist und bleibt er männlich.

Sexuell angenommen zu werden wird dann noch wichtiger, wenn ein Mann an seinem Körper und seiner Sexualität zweifelt. Wer sich nicht groß oder stark genug fühlt oder seinen Penis als zu klein empfindet, der braucht andere, die ihn anziehend finden. Das Dilemma: Wer seinen Körper nicht schätzt, kann auch Sex nicht wirklich schätzen. Oder besser: nicht wirklich genießen. Aber auch jene

Casanovas, die eins sind mit ihrem Körper, tun sich oft schwer damit, Sex hingebungsvoll, genussvoll, liebevoll zu empfinden. Wichtiger ist: Die Partnerin (besonders die neue Liebschaft) soll und muss zufrieden gestellt werden, denn nur dann gibt es ja die Anerkennung, nach der Casanova sich so sehr sehnt – selbst wenn das eigene sexuelle Vergnügen dabei auf der Strecke bleibt. Der Casanova weiß: Nur wenn sie ‹kommt›, nur wenn sie mindestens einen Orgasmus hat, hat er es geschafft.

Das Bedürfnis, in den Arm genommen und gehalten zu werden, sich fallen zu lassen, kann so natürlich nicht mehr ausgelebt werden. Generell ist es für Männer ohnehin schwerer, einfach um Nähe zu bitten, zu sagen: ‹Halt mich, ich fühle mich schwach.› Sich als Eroberer zu beweisen und zu verführen beinhaltet zwar auch die Gefahr, abgelehnt zu werden – diese Gefahr ist jedoch geringer, als sich zu offenbaren und um Trost zu bitten. Dann nämlich würde man sich wirklich verletzbar machen.

Bei Menschen, die sich emotional sehr nahe sind, ist Sex eine wunderbare Möglichkeit, um Nähe und das Gefühl der Verbundenheit auszuleben. Für den Casanova ist der Sex mit wechselnden Frauen dagegen eine Möglichkeit, sich anderen zwar nahe zu fühlen, ohne sich ihnen aber dabei wirklich öffnen zu müssen.

Sex mit der festen Partnerin

Seine Angst, sich zu öffnen und fallen zu lassen, führt häufig dazu, dass auch der Sex mit der festen Partnerin für den Casanova zum Problem wird.

Bei ihr hat der Casanova doch immerhin mehr Nähe zugelassen als bei anderen. Er hat sich mit dieser Beziehung eingestanden, dass auch er nach Geborgenheit, Sicherheit und Vertrauen sucht.

Mit Sex lassen sich diese Wünsche auf Dauer für ihn jedoch nicht vereinbaren. Es scheint dem Casanova unmöglich, sich fallen zu lassen und gleichzeitig unbedingt Stärke und Unabhängigkeit beweisen zu können.

Wenn viele Casanovas sich dennoch für eine Hauptfrau entscheiden, dann deshalb, weil sie eine Heimat benötigen. Das Sicherheitsbedürfnis der meisten Casanovas ist nämlich groß – genauso groß wie ihre Angst vor Nähe. Bei seiner festen Partnerin holt sich der Casanova die notwendige Geborgenheit, soweit er sie zulassen kann; hier ist der Anlaufpunkt, von dem aus er starten kann – in seine Affären, die ihn darüber hinwegtäuschen sollen, dass er sich eigentlich einsam und unverstanden fühlt.

Eines der wesentlichen Probleme jedes Casanovas ist, dass er glaubt, seiner Partnerin nicht zu genügen und nicht ausreichend Bestätigung von ihr zu erhalten. Die Auseinandersetzungen und Kämpfe, die es in jeder Partnerschaft gibt, machen dem Frauenhelden Angst – er fühlt sich zurückgewiesen, nicht akzeptiert, in seinen Schwächen erkannt. Er wird – indem seine Partnerin ihn kritisiert – permanent entzaubert. Er ist kein Held mehr, fühlt sich nicht mehr so souverän, wie er gerne wäre. Es ist nur logisch, wenn er befürchtet, auch im Bett nicht mehr voll anerkannt zu werden – und deshalb lieber in unverbindlichere Beziehungen flüchtet, in denen er sich nicht mit sich und seinem Gegenüber auseinander setzen muss.

Einzelkämpfer ohne Selbstwertgefühl

Nach außen scheinen Casanovas ausgesprochen selbstbewusste Männer zu sein, die keine Probleme mit ihrer Integrität haben. Dahinter verbergen sich tatsächlich aber in sehr vielen Fällen ein stark angeschlagenes Selbstwertgefühl und viele Ängste. Jeder Mensch fühlt sich hin und wieder unzulänglich und minderwertig. Diese

Gefühle sind mit Angst verwandt und tragen dennoch auch etwas Positives in sich: Sie können Impulse sein, damit wir uns weiterentwickeln. Wer jedoch nicht aufhört, um seine eigenen Unzulänglichkeiten zu kreisen, wer an ihnen festhält, der hat zwei Möglichkeiten. Zum einen kann er sich von seiner Umwelt zurückziehen und sich weigern, authentisch und offen mit anderen Menschen um- und auf sie zuzugehen. Das ist nicht der Weg eines Casanovas. Üblicherweise äußern sich seine Minderwertigkeitsgefühle anders. Je unsicherer sich ein Frauenheld fühlt, umso mehr wird er darum ringen, ‹groß› zu sein. Wer sich permanent nichtig fühlt und den Ursachen dieses Gefühls aber nicht auf den Grund zu gehen vermag, der wird alles tun, um sich Geltung und Überlegenheit zu verschaffen.

Das kann er tun, indem er seine Souveränität immer neuen Frauen beweist und indem er die Größe oder auch die Integrität anderer Menschen nicht akzeptiert. Der Casanova neigt dazu, sich mit seinen Partnerinnen nicht auseinander setzen zu wollen. Stattdessen macht er sein Gegenüber und dessen Einstellungen oftmals klein und lächerlich. Wenn der Casanova mit seiner festen Partnerin oder seinen Affären-Partnerinnen spielt, dann kann er das auch deshalb so scheinbar souverän tun, weil er sich eben nicht ehrlich auf sein Gegenüber einlässt. Er spielt Stärke – und dabei bleibt wenig Raum, die Gefühle des Gegenübers wahrzunehmen und zu akzeptieren. Würde der Casanova seine (Affären-)Partnerin in ihrer ganzen Verletzlichkeit annehmen, dann müsste er sich ja völlig anders verhalten: gefühlvoll, authentisch, rücksichtsvoll. Das ist ihm aber mit all seinen Selbstzweifeln nicht möglich.

Von seiner festen Partnerin verlangt ein Casanova, oberflächlich betrachtet, erst einmal nicht mehr, als jeder Mensch sich von seinem Partner wünscht: Er möchte so angenommen werden, wie er sich selbst am liebsten sieht. Nicht schwach, sondern stark. All das, was der Casanova bei sich selbst nicht wahrhaben mag, möchte er natürlich auch von seiner Partnerin nicht aufgespürt wissen. Im besten Fall soll sie seine schwachen Seiten eben auch mitlieben.

Was den Casanova auszeichnet, ist jedoch seine große Furcht, dass seine Schwächen erkannt – und eben nicht mitgeliebt – werden.

Viele Casanovas haben es schwer, mit ihren Schwächen zu leben, weil sie als Kind nicht um ihrer selbst willen geliebt wurden. Die meisten Casanovas haben als Kinder um die Liebe ihrer Eltern gerungen und sie nicht in dem Maße erhalten, wie sie es sich wünschten. Viele Eltern haben Erwartungen an ihre Söhne gestellt, die diese nicht erfüllen konnten. Andere haben ihren Söhnen das Gefühl vermittelt, nur geliebt zu werden, wenn sie brav, klug oder angepasst sind. Wenn Casanovas auf ihre Kindheit zurückblicken, bleibt in vielen Fällen das Gefühl, nicht selbstverständlich liebenswert zu sein, sondern nur, wenn sie eine bestimmte Leistung erbracht haben.

Wer immer nur geliebt wurde, wenn er tat, was die Eltern wollten, wenn er seine Aufgaben erfolgreich bewältigte, der folgt diesem Muster auch später noch: ‹Ich muss etwas leisten, mehr und besser als die anderen, damit ich geliebt werde. Ich muss jeder Frau beweisen, wie stark ich bin.›

Unechte Gefühle

Überlegenheit und Souveränität sind in unserer Gesellschaft immer noch männliche Qualitäten. Nach wie vor gilt es als unmännlich, Schwäche zu zeigen. Wer sie dennoch fühlt und daraufhin an seiner Männlichkeit zweifelt, muss seinen Schwächen also irgendwie entkommen. Aus Angst vor Unmännlichkeit wehren Männer Gefühle und Gespräche ab oder übertreiben, was sie für männliches Verhalten halten. Dazu gehört auf jeden Fall, ‹tougher› zu sein als alle anderen und unverletzbarer zu wirken. Männlich zu sein heißt für den Casanova auch, nicht über seine Gefühle und Ängste zu sprechen. Casanovas haben die klassischen männlichen Verhaltensweisen gut verinnerlicht. Zwischentöne zuzulassen und auszudrücken fällt ihnen deshalb schwer. Sie sind entweder gut drauf, oder es geht ihnen besonders schlecht, sie sind kommunikativ oder unnahbar, pendeln zwischen extremer Offenheit und Verschlossenheit. So sind Männer, oder so dürfen oder müssen sie sein – glauben sie jedenfalls. Casanovas arbeiten oft besonders viel, powern sich aus, zeigen Leistung – ob im Beruf oder beim Sport. Viele Casanovas sind immer irgendwie beschäftigt und haben oftmals keine Zeit für ihre Partnerin – um ihr und sich zu beweisen, wie unabhängig und männlich sie sind.

Casanovas sprechen zwar nicht gerne über ihre Gefühle und Verletzungen, äußern ihre Emotionen dennoch sehr intensiv: Sie können besonders enthusiastisch, zornig, abweisend, empfindlich, verletzbar und auch hingebungsvoll sein.

Viele Casanovas dramatisieren ihre Empfindungen, als ob sie sich und allen anderen beweisen müssten, dass sie überhaupt welche besitzen. Kleine Gefühle, so scheint es, reichen dem Casanova nicht. Groß müssen die Gefühle sein – und so sind die Affären und Beziehungen vieler Casanovas dramatisch und emotional sehr aufgeladen. Ihre Affären sind häufig ekstatisch, münden sehr schnell in Vertrautheit und kurzfristige innige Nähe. Die Beziehung des Casanovas zu seiner Hauptfrau wird immer wieder durch Streit und Vorwürfe dominiert, durch Kampf um die Beziehung und das leidenschaftliche Beschwören der bestehenden Nähe. Denn der Casanova will ja bleiben, will seine feste Partnerin als Heimat nicht verlieren.

Das Wechselbad der heftigen negativen und positiven Gefühle und Reaktionen chronisch fremdgehender Männer wirkt häufig derartig unangemessen, dass ihre Partnerinnen nur noch hilflos und sprachlos sind – ebenso hilflos und ratlos, wie Eltern oft ihren scheinbar außer Rand und Band geratenen pubertierenden Kindern gegenüberstehen. Tatsächlich sind sich ein heranwachsender Junge und ein erwachsener Casanova sehr ähnlich: Beide suchen ihre Identität und einen Menschen, der sie trotz aller Widersprüche akzeptiert. Beide sind unsicher und versuchen, etwas darzustellen, was sie nicht sind. Beide spielen sich auf und den anderen etwas vor, um anerkannt zu werden.

Der Casanova spielt Gefühle, weil er sich nicht traut, sich einfach so zu zeigen, wie er ist. Er führt weiter, was er als Kind gelernt hat: Er verstellt sich, weil er nicht geliebt wurde, wenn er authentisch war. Er hat nicht gelernt, stolz auf sich zu sein, so wie er ist. Er hat gespürt, dass er irgendwie nicht richtig war, dass er abgelehnt wurde, wenn er sich ‹negativ›-authentisch verhielt. Auch der erwachsene Casanova meint noch, er hätte etwas an sich, was ‹falsch› ist, was die Ablehnung anderer rechtfertigen würde. Er vermeidet, seine wahren Gefühle und Bedürfnisse auszudrücken, weil er nicht wieder versagen und abgelehnt werden will. Stattdessen wählt er Ersatzgefühle. Lautstarke Gefühle. Durch sie versucht er, endlich doch Zuwendung zu bekommen, und deckt gleichzeitig all das zu, was er fürchtet: seine Angst, abgelehnt zu werden, seine Schwächen, seine vermeintliche Minderwertigkeit.

Meistens finden wir bei allen Casanovas mehr oder weniger die gleichen Merkmale: Sie sind vordergründig sehr stolz auf sich (weil sie echten Stolz nicht spüren und zum Ausgleich die eigenen Leistungen hochhalten und betonen müssen), und sie sind eitel oder oftmals sogar tyrannisch. Sie können gut kritisieren und die Fehler anderer aufdecken. Auch das ist ein Weg, um eine allzu enge Bindung zu vermeiden. Wer seinen Partner permanent kritisiert, macht ihm und sich deutlich: Du bist eigentlich nicht gut genug – deshalb kann ich mich nicht völlig auf dich einlassen. Gleichzeitig sprechen Casanovas viel und gerne über sich und ihre Leistungen – weil sie als etwas Besonderes Beachtung finden wollen. Der Kult ums eigene Ego ist eine Form von Angst. Angst davor, die Geltung und die mühsam aufgebaute Identität zu verlieren.

Niemand liebt mich – also liebe ich mich

Der Casanova glaubt, von niemandem wirklich erkannt und geliebt werden zu können – deshalb liebt er vorrangig sich selbst.

Normalerweise sind Erwachsene in der Lage, ihre Energie und Liebe nicht ausschließlich um sich selbst kreisen zu lassen, sondern auf ihren Partner zu übertragen. Dem unsicheren Casanova fällt es allerdings ungemein schwer, sich in seine Partnerin einzufühlen. Auch hier kann er sich nicht von den Erfahrungen seiner Kindheit lösen. Die Eltern des Casanovas waren unter Umständen selbst unsichere Kinder – und so kaum in der Lage, ihr eigenes Kind und dessen Bedürfnisse nach Nähe zu begreifen. Eltern, die nicht angemessen auf die Gefühle ihres Kindes reagieren können, sind natürlich auch nicht dazu fähig, ihm zu vermitteln, was es bedeutet, sich in einen anderen Menschen einzufühlen. Ein Mann, der immer wieder aus seiner festen Bindung flüchten muss, hat höchstwahrscheinlich nicht gelernt, sich auf die Gefühle seiner Eltern zu verlassen. Jedes Kind ist jedoch auf unerschütterliche elterliche Liebe angewiesen. Es verwirrt ein Kind nachhaltig, wenn es von seinen Eltern immer wieder nicht verstanden wird. Es kann so weder lernen, seinen eigenen Gefühlen zu vertrauen und sie wertzuschätzen, noch kann es lernen, die Gefühle seiner Eltern richtig einzuschätzen.

Kinder, die sich von ihren Eltern immer wieder verlassen fühlen, versuchen oft, mit diesem Zustand zurechtzukommen, indem sie sich nichts anmerken lassen – sie scheinen sehr autonom zu sein, sind dabei jedoch innerlich angespannt und gestresst. Sie haben ihr Bedürfnis nach verlässlicher Nähe und Zuneigung künstlich heruntergesetzt, um weitere Enttäuschungen zu vermeiden.

Wer sich in seinen Gefühlen und Ängsten allzu lange ignoriert fühlt, kann irgendwann entscheiden, seine Energie und Liebe von seinem Gegenüber abzuziehen – und sie stattdessen im Wesentlichen auf sich selbst zu richten. Der Casanova hat das getan. Er will autonom leben, unabhängig von den Gefühlen anderer. Gleichzeitig sehnt er sich aber danach, um seiner selbst willen geliebt zu werden, und zwar egal, was er tut. ‹Lieb mich oder lass es!› – ‹Friss oder stirb!› scheint das Beziehungsmotto zu sein, dem Casanovas immer wieder folgen.

Keine Moral – nur meine

Der Frauenheld fordert seine Partnerin heraus: ‹Liebe mich! Nimm mich, wie ich bin!› Mit jeder Affäre beweist er ihr und sich, dass er eine starke, unabhängige, souveräne Person ist. Scheinbar hat er sich losgelöst – von all den Forderungen, die seine Eltern an ihn stellten, und von der Sehnsucht nach Verständnis, Geborgenheit und Nähe. Ihm kann und soll es nicht mehr passieren, dass ein anderer Mensch Macht über ihn gewinnt. Der Casanova verweigert sich voller Stolz: Er ist nicht wie alle anderen, er unterwirft sich keinem Treueschwur, keinen Beziehungsnormen, keiner Moral.

Liebe ist jedoch nicht frei von Moral: Sie beinhaltet Rechte und Pflichten, es geht um Gerechtigkeit. Wer moralisch handelt, sorgt sich um sein Gegenüber, ist fürsorglich und bedacht darauf, den anderen nicht zu verletzen. Aber genau dort liegt für den Casanova – für seine immer noch kindlich fühlende Seite – ja das Problem. Er ist verletzt worden und meidet also jene Gefahrenzone ‹Liebe›, in der er noch einmal enttäuscht werden oder selber versagen könnte.

Häufig scheint der Casanova sich in kindliche Moralvorstellungen fallen zu lassen. Besonders dann, wenn es um moralische Begriffe wie Schuld und Verantwortung geht. Kinder wollen keine Schuld haben an dem, was geschehen ist. Sie neigen dazu, die Schuld anderen zuzuschieben (die blöde Lehrerin ist schuld an den schlechten Zensuren, der gemeine Freund schuld am Streit). Auch der Casanova tendiert dazu, die Schuld an seinen Problemen und den

Beziehungskonflikten seiner Partnerin zu übergeben. Kinder müssen außerdem nur wenig oder keine Verantwortung für einen funktionierenden Haushalt und das Befinden anderer tragen. Kinder kämpfen hauptsächlich für sich. Sie wären überfordert, wenn sie für das Glück anderer zuständig sein müssten. Wenn es kritisch wird in der Beziehung, neigt der Casanova dazu, sich auf seine Überforderung zurückzuziehen. Er möchte dem Konflikt – und der Verantwortung für die Beziehung, die dahinter steckt, lieber aus dem Weg gehen. Sich selbst zu hinterfragen, zu reflektieren und gemeinsam mit der Partnerin ein Problem aufzuarbeiten (auch mit der Fähigkeit zum Kompromiss) ist ein sehr erwachsenes Verhalten – im Gegensatz zu der kindlichen Vorstellung, dass die eigenen Belange auch die wichtigsten sind. Nicht nur der Casanova, sondern jeder Mensch, der in einer Partnerschaft steckt, sucht immer wieder – wie ein Kind – nach dem Beweis, dass er wahrhaftig und absolut geliebt wird. Fremdgehende Männer zeichnet dabei aus, dass sie die Liebe ihrer Hauptfrau fast zu testen scheinen – als ob sie immer wieder herausfinden müssen, dass sie geliebt werden, egal, wie sehr sie ihre Partnerin verletzen.

Zu einer kindlichen Weltvorstellung gehört auch die klare Trennung der Dinge in Schwarz und Weiß, in Gut und Böse. Kindern gibt diese Weltsicht Sicherheit. Sie hilft ihnen, einen eigenen Standort, eigene Meinungen und letztendlich ihre Identität zu finden: ‹Hier stehe ich, dies ist meine Position – und da ist das andere, und dagegen grenze ich mich ab.›

Entweder, so meinen viele Casanovas, gibt es Spaß oder Langeweile. Entweder lebt ein Mann als freier wilder Tiger oder als domestizierter Sofakater. Entweder besteht das Leben aus Einschränkungen und Verpflichtungen oder aus Freiheit und Ungebundenheit. Das macht es fast unmöglich, sich in einer festen Beziehung sicher, aufgehoben und glücklich zu fühlen. Denn etwas fehlt ja immer.

Normalerweise werden die Grenzen zwischen den Polen im Laufe eines Erwachsenenlebens weniger statisch. Man lernt, dass Verhältnisse und Menschen sich bewegen können, veränderbar sind. Natürlich haben auch chronisch fremdgehende Männer diese Einsicht gewonnen – sie neigen jedoch dazu, sich immer wieder in die Schwarz-Weiß-Moral zu retten. Sie bietet vermeintlich Halt, weil es kein unsicheres Dazwischen gibt. Man bezieht Position und muss nicht mehr nach einem alternativen Ausweg suchen.

Der Casanova hat sich entschieden und kann dennoch nicht einfach glücklich sein – wenn und weil seine Partnerin nicht mitspielt. Sie fordert, dass er seine Position verlassen, dass er sich ändern soll. Und ebendas will er grundsätzlich erst einmal nicht.

Um seine Lebensweise, seine Moral durchzusetzen, kann der Casanova seine Frauen nun entweder immer gleich verlassen oder aber verzweifelt versuchen, doch alles zu bekommen: Freiheit und Nähe, Autonomie und Geborgenheit. Wenn ein Casanova möchte, dass seine feste Partnerin oder seine Geliebte bei ihm bleibt, muss er sie dazu bringen, seine Normen zu akzeptieren. Das kann bedeuten, dass die Frau an seiner Seite seine Affären hinnehmen soll. Es kann aber auch einfach nur heißen, dass seine Partnerin ihm generell möglichst wenig Widerstand entgegensetzen soll. Natürlich wünscht sich jeder Mensch, dass seine Vorstellungen beachtet werden. Dem Casanova geht es jedoch um mehr: Er will seinen Willen, seine Moral durchsetzen. Das ist in den allerseltensten Fällen ein bewusstes, bösartiges Vorhaben, denn es ist ja nicht reflektiert. Zumeist setzt der Casanova seine Frauen unbewusst seelisch unter Druck. Er kann sie dazu bringen, Mitleid mit ihm zu empfinden, oder er kann ihnen vorwerfen, dass sie ihn nicht genug lieben würden, oder er kann ihnen seine Zuneigung und Aufmerksamkeit entziehen, damit sie ihn endlich so leben lassen, wie er will. All dies kann er ohne schlechtes Gewissen tun, weil er der festen Überzeugung ist, seine Vorstellungen seien berechtigt. Wenn seine Partnerin ihn tatsächlich lieben würde, so meint er, würde sie sich so verhalten, wie er es für richtig hält.

Sie wird mich enttäuschen

Ein Frauenheld sehnt sich in der Regel extrem danach, dass seine Partnerin ihn respektiert, achtet und in seinen Vorstellungen, seinem Willen und seiner Selbstliebe bestätigt. Zugleich fürchtet er permanent, verletzt und gedemütigt zu werden. Der Casanova fühlt es ununterbrochen, bei jedem Streit, bei jeder Auseinandersetzung: ‹Ich werde nicht angenommen, so wie ich bin. Schon wieder bin ich verletzt worden. Warum kann sie mich denn nicht einfach so lieben, wie ich bin?›

Immer wieder erfährt der Casanova, dass die Verschmelzung mit seinem Gegenüber nicht gelingt – immer wieder wird seine Sehnsucht nach absoluter Harmonie, nach totalem Verständnis enttäuscht. So neigt er dazu, Nähe auszuklammern – damit seine Erwartungen nicht enttäuscht werden können. Gleichzeitig ist er sehr anfällig für jede Störung in der Beziehung und zieht sich bei Konflikten schnell gekränkt zurück.

Beziehung ist ein schwieriges Geschäft. Es bedeutet, Konflikte auszustehen, Probleme zu lösen, eigene Sehnsüchte und die des Partners zu erkennen und aufeinander abzustimmen. Dass man vom Partner enttäuscht wird, gehört zu den normalen Erfahrungen in einer Beziehung. Genauso ist es umgekehrt selbstverständlich, dass man selbst seinen Partner enttäuscht. Jeder Mensch, der sich auf eine Beziehung einlässt, muss damit zurechtkommen, immer wieder zu spüren: ‹Ich habe Hoffnungen in meinem Partner geweckt, die ich nicht erfüllen kann. Ich habe meine Grenzen und werde ihm nicht alles geben können, was er braucht.› Menschen, deren Selbstwertgefühl einigermaßen stabil ist, mögen darunter leiden, dass sie dem Partner nicht das sein können, was er eigentlich haben möchte – aber sie finden sich damit ab. Sie respektieren ihre eigenen Grenzen und nehmen es an, dass sie immer auch unzulänglich sein werden.

Männer mit ausgeprägter Selbstliebe und einem geringen Selbstwertgefühl können die übersteigerten Erwartungen an sich selbst nicht aufgeben. Genauso wenig können sie aufhören, von ihrer Partnerin allzu viel zu verlangen: Sie soll ihnen Freiheit schenken, absolutes Verständnis und Geborgenheit. Sie soll sie verehren und auf eigene Ansprüche möglichst verzichten.

Auch von einer Frau, die das tatsächlich leisten kann, fühlt sich der Casanova unter Druck gesetzt: Wenn sie ihn bewundert und aufwertet, nimmt er dieses Bild von sich zwar gerne an, weiß jedoch, dass er es eigentlich nicht erfüllen kann. Er möchte idealisiert werden, und gleichzeitig macht ihm das Angst: ‹Wenn sie mich wirklich kennen würde, würde sie mich ablehnen. Einfach so, wie ich bin – ohne stark und männlich zu sein –, bin ich doch nicht liebenswert.›

Letztendlich ist es die Angst, sich selbst zu enttäuschen, die den Casanova treibt, sich zu verbergen und aus der festen Beziehung immer wieder zu flüchten. Er ist eben nicht so stark, mutig und lebensbejahend, wie er gerne immer für die Partnerin sein würde. Es passt nicht zu seinem Selbstbild, wenn er sich auch mal ganz klein, mutlos, empfindlich und schwach wie ein Kind fühlt.

Gib mir alles – du gibst mir nichts!

Der Casanova ist meist so stark auf die Bestätigung seiner Hauptfrau angewiesen, dass er fast abhängig von ihr zu sein scheint. Trotz all seiner nach außen gezeigten Autonomie befindet er sich in einer Art Teufelskreis: Seine Partnerin soll ihm hundertprozentige Anerkennung schenken und ihm sein Selbstvertrauen zurückgeben. Dieser Wunsch ist generell unerfüllbar – vor allem aber auch deshalb, weil der Casanova seinem Gegenüber zugleich zutiefst misstraut: ‹Sie kann mich gar nicht so lieben, wie ich mich liebe und wie ich es verdient hätte. Eigentlich brauche ich sie gar nicht.› Das werden alle

Frauen kennen, die an der Seite eines Casanovas leben: Wenn seine Forderung nach Aufmerksamkeit und Zuwendung nicht befriedigt wird, wendet er sich ab, weil er sich zutiefst beleidigt fühlt.

Tragischerweise fällt es dem Casanova schwer, die tatsächliche Liebe und Bewunderung seiner Partnerin anzunehmen. Die seelischen Streicheleinheiten, die er so nötig hätte, berühren zumeist nur seine Oberfläche. Nicht allein, weil er den Gefühlen seines Gegenübers misstraut und seine Ansprüche immer größer sind als das, was er tatsächlich bekommt. Der Casanova ist intensiv damit beschäftigt, um sein beschädigtes Selbstbewusstsein zu kreisen. Dazu gehört, dass er seine wahren Emotionen nicht zeigt und unterdrückt, sich selbst und der Umwelt etwas vorspielt. Den Kontakt zu seinen wahren Gefühlen kann er dabei sogar verlieren. Seine Selbstzweifel hält der Casanova so sehr unter Verschluss, dass auch positives Feedback sie kaum mehr erreichen und aufweichen kann.

Männer, deren Gefühle so verborgen liegen, können sich nur sehr schwer mitteilen. Ihre Partnerinnen haben wenig Chancen, etwas über ihre Emotionen zu erfahren. Obgleich sie selten über ihre Gefühle sprechen, beklagen solche Männer oft, dass niemand sie versteht.

Wer sich unverstanden fühlt, kann natürlich auch versuchen, herauszufinden, inwieweit er es anderen schwer macht, ihn zu verstehen. Er kann den Versuch der Selbstreflexion wagen und sich fragen, warum er eigentlich so verletzlich ist. Das erfordert allerdings einiges an Selbstkritik – und die zu leisten fällt dem Casanova ungemein schwer. Weil er nicht herausfinden mag und kann, was seine eigenen Schwachpunkte sein könnten, weist er die Schuld lieber anderen zu – vorzugsweise jener Person, die ihm am nächsten steht: seiner festen Partnerin.

Auch wenn sie seine problematische Art, seine Verschlossenheit und seine Affären erduldet – er ist dennoch beleidigt, zornig, getroffen. Gerade weil er ja weiß, dass er der Frau, die ihn liebt, Schmerzen bereitet. Er weiß, dass er Hoffnungen zerstört und Erwartungen nicht erfüllt. Als Folge verhält sich der Casanova wie ein kleines Kind, das etwas Unrechtes getan und die Eltern enttäuscht hat. Ein Kind fühlt sich in einer solchen Situation schuldig und minderwertig – und es wird wütend auf die Eltern. Denn sie haben diese schlechten Gefühle ja schließlich in ihm ausgelöst. Nach demselben Muster projiziert der Casanova seine negativen Emotionen auf die Partnerin.

Der Casanova fühlt mit jedem Fremdgehen, dass er gescheitert ist. Er hat die Hoffnungen und Ansprüche seiner Partnerin wieder einmal nicht erfüllen können – sie ist traurig oder zornig auf ihn, anstelle das Beste aus ihm herauszulieben. Die logische Schlussfolgerung daraus ist für viele Männer: ‹Jetzt mache ich erst recht so weiter! Jetzt braucht sie gar keine Erwartungen mehr an mich zu stellen!›

Je intensiver der Casanova glaubt, dass er gescheitert ist, umso schwerer fällt es ihm, seine Partnerin anzunehmen und aufzufangen. Hinter ihren Wünschen, schwach und verletzlich sein zu dürfen, hinter ihrem Bedürfnis, gehalten und geborgen zu sein, vermutet er Ansprüche, die er meint nicht erfüllen zu können, und interpretiert diese Ansprüche oftmals als Kritik: ‹Immer erwartet sie so viel von mir. Nie genüge ich ihr!›

Casanovas sind leicht zu kränken – leichter auf jeden Fall als Männer mit einem stabilen Selbstwertgefühl. Viele Frauenhelden fühlen sich durch Kritik tief getroffen und reagieren verunsichert. Sie sind schnell davon überzeugt, dass ihre Partnerin sie nun generell nicht mehr wertschätzen würde. Anstatt über ihr Verhalten nachzudenken oder es gar zu diskutieren, ziehen Casanovas sich zurück. Manche isolieren sich, indem sie trotzig oder zornig reagieren. Andere beharren darauf, eben so zu sein, wie sie nun mal sind. Wer sagt: ‹Ich kann nicht anders›, ‹Männer sind eben so› oder ‹Ich habe dir nie etwas vorgemacht – du weißt doch, wie ich bin›, will ausschließen, dass sein Verhalten Konsequenzen haben kann. Wer sich so verhält, will sich nicht öffnen müssen und kann sich weiter abgelehnt fühlen – die eigene Wahrnehmung wird damit fortlaufend bestätigt.

Ich schaffe es auch alleine

Der Casanova gibt seinen Beziehungen einen geringen Wert – um nicht enttäuscht zu werden. Das betrifft übrigens nicht nur Liebesbeziehungen, sondern auch innige, enge Freundschaften, von denen ein Casanova in der Regel wenige hat. Und je mehr Menschen sich von ihm distanzieren – weil sie seine Verschlossenheit spüren –, umso mehr fühlt der Casanova sein Verständnis von Beziehungen bestätigt – und zieht sich selber zurück. Sein Gefühl, unverstanden zu sein, wird immer wieder bekräftigt. So begibt sich der Casanova weiter auf die Suche nach einer Nähe, die keine Enttäuschungen nach sich zieht – nach einer punktuellen, kurzlebigen Nähe, die er unter Kontrolle hat. Solche Art von Nähe findet er in seinen Affären, die er stets abbrechen kann, sobald er sich unverstanden fühlt oder die Nähe zu groß und zu bedrohlich wird.

Um an der stetigen Enttäuschung nicht zu verzweifeln, sind viele Casanovas davon überzeugt, dass sie ihr Alleinsein, ihr Unverstandensein eben akzeptieren müssen. Sie glauben, sie müssten die nötige Härte gegen sich selbst aufbringen, um alleine durchzukommen. Der Casanova fühlt sich einsam – im Sinne des ‹einsamen Wolfes› oder des ‹einsamen Helden›. In dieser Einsamkeit muss er so gut wie möglich bestehen. So konstruiert er sich eine Persönlichkeit, die unantastbar und unverletzbar sein soll. Nach außen hin zeigt sich das in seinem souveränen Auftreten: ‹Ich schaffe alles.› Die Souveränität, die viele Casanovas zeigen, speist sich also letztendlich aus dem Gefühl, allein zu sein.

Der Spieler

Der Casanova neigt dazu, sich als eine sehr selbständige und unabhängige Persönlichkeit zu betrachten. Dieses Selbstbild macht ihn zwar nicht glücklich, hilft ihm aber vermeintlich, in dieser Welt klarzukommen. So wie er ist und auftritt, empfindet er sich als authentisch – auch wenn er unterschwellig spüren mag, dass er in Wirklichkeit kaum Kontakt zu seinen Gefühlen und denen anderer Menschen hat.

Jener Casanova, der besonders darum ringt, autark zu sein, richtet sich nach dem Motto: ‹Jeder ist für sich selbst verantwortlich.› Das fordert der Casanova von sich selbst ein und deswegen auch von allen anderen. Frauenhelden, die diesen Anspruch konsequent leben wollen, können schlussfolgern: ‹Eine Frau, die sich auf mich einlässt, hat das selbst zu verantworten und somit auch die Konsequenzen zu tragen.› Dieser Satz wirkt extrem. Er vermittelt eine egoistische Haltung, er klingt unangenehm nach Machismo und autoritärem Gebaren. Wenn man ihn etwas abmildert, bleibt die Botschaft: ‹Ich habe keine Lust, Rücksicht zu nehmen. Ich bin, wie ich bin, und so will ich akzeptiert werden.› Rücksicht zu nehmen auf die Gefühle seiner (Affären-)Partnerin würde für den Casanova bedeuten, sich selbst zurücknehmen zu müssen. Das ist für kaum einen Menschen besonders einfach – umso schwieriger ist es für einen Mann, der mit einem wackeligen Selbstwertgefühl kämpft.

Casanovas, die intensiv an ihre Autonomie glauben oder glauben wollen, neigen dazu, sich zwiegespalten zu verhalten: charmant, romantisch und gewinnend auf der einen Seite. Auf der anderen Seite gehen sie oft wenig rücksichtsvoll mit ihren Partnerinnen – und besonders mit ihren Affärenpartnerinnen – um und erscheinen sogar kaltherzig und unerbittlich.

Diese Härte ist in den wenigsten Fällen tatsächliche Gefühllosigkeit, vielmehr ist dieses Verhalten durch unbewusste Zwänge geprägt. Gegen innere Leere und Unsicherheit zu kämpfen ist keine geplante Entscheidung. *Wie* der Casanova diesen Kampf jedoch führt, hat durchaus etwas mit Kalkül zu tun.

Viele Casanovas haben sich entschieden, ein Spiel zu spielen. Um es zu gewinnen, hat der Frauenheld feste Regeln aufgestellt, die ihm helfen, sich nicht öffnen zu müssen und die Kontrolle über seine Gefühle zu behalten.

Er weiß, was er tun muss, damit eine Frau schwach wird, er weiß, wie er ihr schmeicheln muss und wie er seinen Charme einzusetzen hat. Beim Verführungsspiel kann der Casanova sich als Mann inszenieren – potent, attraktiv, souverän. Er genießt es, wenn ihm wieder mal eine Inszenierung gelungen ist und die Frau entsprechend reagiert.

Nur eine Gefahr gilt es für ihn dabei auf alle Fälle zu umgehen: Er darf nicht allzu viele Gefühle bei seiner ‹Beute› provozieren – denn das verspricht Stress: Gefühlsausbrüche, Forderungen und Ansprüche, die beim Frauenhelden womöglich sogar Schuldgefühle seinem Opfer gegenüber auslösen könnten.

Rein technisch fühlt der Casanova sich sehr wohl in sein Gegenüber ein – denn das gehört zum Spiel dazu: ‹Wie reagiert sie jetzt? Wo muss ich als Nächstes ansetzen, um weiter voranzukommen?›

Der Casanova dominiert seine künftige Affärenpartnerin, er lenkt sie dorthin, wo er sie braucht. Er baut die Illusion von Nähe und Verständnis auf, er spielt Beziehung, er hat alles in der Hand. Oft unbewusst, manchmal auch sehr bewusst, genießt er das Gefühl, Macht über andere haben zu können. Dabei verwandelt sich der Triumph schnell wieder in Angst. Immer wieder hat der Casanova den Verdacht, dass seine Liebespartnerin ebenfalls mit ihm spielen könnte. Dass ihr Begehren nicht echt oder tief genug sein könnte. Um diese Furcht zu überwinden, muss er diese Frau wieder und wieder treffen, um sie endgültig erobern zu können.

Der Casanova sucht zwar den Triumph, fürchtet jedoch die Konsequenzen. Er glaubt fest daran, dass die Frauen, mit denen er schläft, ihm mehr als nur Sex abfordern werden: Nähe, Verbundenheit, Liebe. Die jedoch kann und will er nicht geben – und dementsprechend verhält er sich ‹unmoralisch›: Er vermeidet es, sich in die Gefühle, Absichten und Erwartungen seiner Sexualpartnerinnen einzufühlen. Er ignoriert die Werte, Rechte und Pflichten, die gemeinhin für Beziehungen gelten. Er konzentriert sich darauf, unverbindlich zu sein.

Wenn eine Frau seine Spielregeln bricht und ihn mitten im Eroberungsfeldzug stehen lässt, reagiert der Casanova zumeist sehr empfindlich: Das Spiel ist außer Kontrolle geraten, und das verunsichert ihn. Und natürlich ist er gekränkt. Ein stehen gelassener Casanova neigt oft dazu, die Frau, die ihn verlassen hat, als verrückt, durchgedreht oder hysterisch abzuurteilen. Sie hat sich in seinen Augen so verhalten, wie man sich einfach nicht verhalten darf. Sie hat ihm die Anerkennung verweigert. Häufig brechen Frauenhelden den Kontakt zu solchen Frauen abrupt und vollständig ab – und konzentrieren sich intensiv auf die Suche nach einer neuen Affäre.

Spielregeln hat der Casanova auch in der Beziehung zu seiner festen Partnerin aufgestellt. Eine ganz wesentliche Regel lautet: ‹Ich liebe meine Partnerin und werde sie nicht verlassen – deswegen darf ich auch Sex mit anderen Frauen haben.› Der Frauenheld braucht einen Ort, an dem er sich erholen kann. Somit lautet eine weitere wichtige Regel für viele fremdgehende Männer: ‹Ich brauche Sicherheit und Geborgenheit – also nehme ich das anstrengende Beziehungsleben in Kauf.› Auch für seine feste Partnerin hat der Casanova eine Spielregel formuliert: ‹Sei mütterlich, sonst kann ich nicht bei dir bleiben!› Dies ist eine Regel, die kaum einem Casanova bewusst sein wird. Vor allem dann nicht, wenn – wie in vielen Fällen – das Verhältnis zu seiner eigenen Mutter schlecht ist oder er sich vehement von ihr gelöst hat. Denn die Mütterlichkeit, die der Frauenheld von seiner Hauptfrau einfordert, meint: Hingabe, Belastbarkeit, Toleranz.

Immer dann, wenn Frauen dem nicht folgen, tritt eine andere Regel in Kraft: ‹Wenn sie mich nicht so liebt, wie ich das brauche, dann darf ich mit anderen Frauen schlafen.›

Der Casanova glaubt an seine Regeln – er muss es tun, weil es ihn schützt. Würde er sein Regelwerk aufgeben, wäre das Spiel verloren, und er müsste sich Gedanken über das wirkliche Leben und die Gefühle anderer Menschen machen.

Das Spiel mit seinen Affären-Partnerinnen hat bei aller Unverbindlichkeit und Inszenierung oftmals auch noch eine weitere Komponente. Weil der Casanova sich, seine Partnerin und die feste Beziehung letztendlich als ungenügend empfindet, bieten seine Affären ihm auch die Illusion, dass die Liebe eben doch ganz einfach sein kann. So leicht und unbeschwert, wie sie in der ersten Verliebtheitsphase ist. Die Partner sind sich noch fremd, können sich noch idealisieren, man begegnet sich voller Lust, Erregung und Erwartung. Diesen Zustand wollen viele Casanovas immer aufs Neue genießen. Jede neue Verführung, jede neue Eroberung hält die Illusion aufrecht, dass es die immer währende Obsession doch gibt – mit ihm als dem ewigen Helden.

Casanovas und ihre Mütter

Mit Casanovas über ihre Mütter zu sprechen ist fast unmöglich. Sie lieben oder sie hassen sie, oft auch beides zugleich, und das macht es für sie so schwer, über sie zu sprechen. Casanovas verteidigen ihre Mütter vehement, idealisieren sie oder weisen ihr die Schuld dafür zu, dass sie bindungsängstlich sind. ‹Eng mich bloß nicht ein! Dann geht gar nichts mehr› – das hören die Partnerinnen der Casanovas oft, und es sagt unendlich viel über die Mutterbeziehung der

Frauenhelden aus. Kaum ein Mann wird das zugeben wollen. Die Mutter bleibt als Thema tabu.

Wieso ist das so? Was können wir über unseren Partner erfahren, wenn wir uns seine Beziehung zur Mutter ansehen?

Vorweg sei gesagt: Es ist populär, Mütter verantwortlich zu machen für alle möglichen psychischen Probleme ihrer Kinder. Dabei wird gerne in den Hintergrund gedrängt, dass auch Mütter nicht viel mehr als das weitergeben können, was sie ihrerseits über die weibliche und mütterliche Rolle gelernt und in ihrer Umwelt erlebt haben.

Dennoch ist die Beziehung der Casanovas zu ihren Müttern ein wichtiger Baustein in ihrer männlichen Entwicklung.

Jeder Säugling erlebt seine Mutter in den ersten Monaten seines Lebens als einen Teil von sich. Die Mutter reagiert auf jede seiner Äußerungen, erfüllt alle Bedürfnisse. Sie schenkt ihm all die Sicherheit und das Vertrauen, das er braucht, um sich langsam selbst wahrzunehmen, sich loszulösen und eigene Schritte in dieser Welt wagen zu können. Auch der kleine Junge noch erlebt seine Mutter als allmächtig. Sie ist die zentrale Figur seines Lebens. Sie schenkt ihm Liebe, lobt und stärkt ihn, kann ihm Fröhlichkeit schenken.

Sie kann ihm ihre Liebe aber auch entziehen, kann ihn bestrafen und traurig machen. Sie kann nicht mehr und nicht weniger geben und vermitteln, als das, was in ihr steckt: Glück ebenso wie Trauer, Offenheit ebenso wie Befangenheit. Auf jeden Fall hat jeder Junge in der prägenden Phase seines Lebens intensive Gefühle durch seine Mutter erfahren. Sie war es, die Macht über seine Gefühle hatte.

So intensiv die Bindung zu seiner Mutter auch sein mag – irgendwann muss sich jeder Junge von ihr trennen. Er muss die Welt entdecken und seine eigene Identität finden. Sicherlich: Er kann auch in den Armen der Mutter bleiben, ihr gefallen, sich anpassen und Konflikte meiden. Ein Junge jedoch, der als Mann anerkannt werden will, muss – zumindest nach außen hin – weibliche oder kindliche Eigenschaften ablegen. Sich von der Mutter trennen zu können ist ein notwendiger Schritt auf dem Weg zu einer männlichen Identität.

Wie Casanovas ihre Mütter erleben

Viele Casanovas haben ihre Mütter als zu dominant empfunden. Das muss nicht immer heißen, dass sie ihr Kind mit Strenge erzogen haben. In der Mehrzahl der Fälle ist es eher so, dass Mütter ihren Söhnen gegenüber auch nach dem Säuglings- und Kleinkindalter noch übermäßig fürsorglich sind, sie bedienen und entlasten. Auch das ist eine Form von Dominanz. Häufig vereinnahmen Mütter ihre Söhne allzu lange, anstatt die Trennung von ihnen nicht nur zu dulden, sondern sogar zu fördern.

Die Mütter der Casanovas hatten ihre eigenen Defizite – keine ungewöhnlichen: Viele von ihnen lebten wahrscheinlich an der Seite eines Partners, der ihnen nicht die Zuneigung und Zärtlichkeit geben konnte, die sie sich wünschten. Lange Zeit war es ein Tabu, die Ursache bei den Müttern dafür zu suchen, dass ihre Söhne verantwortungs- und bindungslos sind. Heute wissen wir: Frauen, die sich von ihrem Partner vernachlässigt fühlen, wenden sich häufig allzu intensiv ihren Kindern zu. Oft rutschen Söhne so in die Rolle eines Beziehungspartners hinein. Für einen kleinen Jungen, der – wie jedes Kind – in erster Linie sich selbst liebt, ist das fatal. Wenn seine Mutter ihm signalisiert, dass er den Vater ersetzen kann, wird es ihm kaum möglich sein, seine Selbstliebe zu überwinden.

Mit irgendeinem sozialen Defizit haben alle Jungen zu kämpfen, denen der Abnabelungsversuch von der Mutter nicht gelungen ist – oder denen dabei von ihr nicht geholfen wurde. In vielen Fällen haben sie nicht gelernt, sich allein zu beweisen, und sind deshalb unsicher und unselbständig. Manche versuchen das auszugleichen, indem sie sich extrem selbstbewusst verhalten.

Mütter, die ihren Söhnen nicht helfen, sich von ihnen zu lösen, verwöhnen sie zugleich oft sehr. Verwöhnten Kindern werden Wünsche erfüllt, bevor sie sie überhaupt geäußert haben. Ihnen werden Hürden und Probleme aus dem Weg geräumt, um ihnen Misserfolge zu ersparen, und sie werden stets in den Mittelpunkt gerückt. Es wird nicht von ihnen gefordert, rücksichtsvoll zu sein. Wer jedoch nicht gelernt hat, Rücksicht zu üben, der hat kaum eine Chance, später einmal ein guter Partner zu sein. Die Fähigkeit zu lieben ist nichts, was sich automatisch einstellt oder einfach überträgt. Seine Liebesfähigkeit muss sich ein Kind erarbeiten.

Der Casanova hatte nur wenig Chancen, sich diese Fähigkeit zu erarbeiten. Auf der einen Seite hat er gelernt: ‹Alles kreist um mich.› Auf der anderen Seite hing die Liebe, die er bekam, oft von einer Leistung ab, die er zu erbringen hatte – einer Leistung, die von bestimmten Müttern sehr subtil eingefordert wird. Sie lieben ihren kleinen Jungen so sehr, dass sie seinen Drang nach Selbständigkeit, sein Bedürfnis, sich von der Mutter zu lösen, behindern. Diese Art der Liebe kann als Tyrannei empfunden werden. Der kleine Junge spürt, dass er sich dankbar zeigen muss, er weiß, dass er seine Mutter verletzen würde, wenn er ihre übermäßige Fürsorge zurückweist. Dieses Gefühl kann Wut und Ablehnung in ihm schüren.

Viele Casanovas fühlten sich als Kinder in einem Zwiespalt gefangen: Sie wollen und brauchen Liebe einerseits – und sie streben andererseits nach Selbständigkeit. An der Seite ihrer Mutter erleben sie, dass diese beiden Bedürfnisse anscheinend nicht miteinander vereinbar sind. Falls ein Mann sich im Laufe seines Erwachsenenlebens von diesem Widerspruch nicht befreien konnte, wird er sich weiter wehren: Er wird nach Liebe suchen – aber Nähe ablehnen. Außenbeziehungen können für ihn dabei ein Mittel sein, dass seine Partnerin nicht allzu stark und einzigartig in seinem Leben wird und er ihre Liebesforderungen nicht erfüllen muss.

Zudem fehlt einem Casanova, der von seiner Mutter auf diese ganz spezielle Art geliebt wurde, die Fähigkeit, sich selbst realistisch einzuschätzen. Er wird im wirklichen Leben – fernab der Mutter – immer wieder feststellen müssen, dass andere nicht auf seine Wünsche eingehen. Selbst wenn er sich, seinem Gefühl nach, noch so geschickt verhält. Probleme in der Beziehung und Kritik der Partnerin werden so als heftiger Angriff auf die eigene Persönlichkeit empfunden.

Wie Casanovas sich von ihren Müttern trennen

Casanovas sind in der Regel mit der Trennung von der Mutter nur schwer zurechtgekommen. Sie haben sich nicht nur von ihr, sondern auch von all den Werten getrennt, die sie verkörpert: weiche, weibliche Tugenden wie Wärme, Kommunikation, Einfühlungsvermögen, Zärtlichkeit. Wer will schon so ein Weichei sein?

Wer ein besonders intensives Verhältnis zu seiner Mutter hatte – ob nun ‹überliebt› oder immer bemüht, endlich Liebe zu bekommen –, wird sich später auch heftig von ihr abgrenzen müssen. Wer seine Mutter als allzu mächtig empfand, erliegt eher der Gefahr, sie auch besonders aggressiv abzulehnen. Viele Casanovas haben ihrer Mutter den Druck, den sie auf sie ausübte, nicht verzeihen können, haben ihn nicht überwinden können. Sie empfinden die Macht, die sie über ihre Gefühle hatte, immer noch.

Man muss den Mutterkomplex nicht bemühen, um festzustellen: Es ist ganz natürlich, wenn Männer für den Rest ihres Lebens intensive Gefühle mit Frauen verbinden. Für einen Casanova allerdings kommt noch ein entscheidender Faktor hinzu: Er fürchtet, Frauen könnten ihm alles geben oder alles nehmen; all seine Bedürfnisse befriedigen oder ihm die Erfüllung verweigern.

Der Casanova hat sich vehement von seiner Mutter abgegrenzt oder macht sich die Rolle nicht bewusst, die sie für ihn gespielt hat – weil er an dem scheinbar unlösbaren Widerspruch zwischen ihm und ihr verzweifelt. Das beeinflusst seine Liebesbeziehungen stark. Der männliche, nicht weibliche Mann hat Angst, erneut einer ‹Mutter› zu begegnen. Einer Frau, auf die er angewiesen sein und die ihn wieder vereinnahmen könnte. Und nicht zuletzt fürchtet er sich auch davor, einer Frau zu begegnen, von der er sich am Ende doch wieder trennen muss – wie einst von der Mutter.

Weil diese Männer sich so stark davor fürchten, in anderen Frauen wieder auf ihre Mutter zu treffen, schaffen sie sich oft ein Frauenbild, mit dem sie dieser Gefahr aus dem Weg gehen können.

Es ist ein Bild, das in unserer Gesellschaft immer noch umherspukt, auch wenn es kaum jemand zugeben oder hören mag: Die Frau als die ewig Zweite. Mag sie sich auch noch so mühen, letztendlich kann sie doch nie so mächtig und potent wie ein Mann sein. Sie begegnet ihm nicht auf Augenhöhe, sondern blickt zu ihm auf. Sie spiegelt seine Macht und Potenz, sie bestätigt ihn. Eines soll sie ganz gewiss nicht: seine Stärke infrage stellen.

Der Casanova hat sich vermeintlich von allem befreit, was mütterlich sein könnte. Als Vorbild nützt ihm seine Mutter schon lange nicht mehr – bei der Suche nach einem Vorbild, einem neuen, männlichen Selbstbild muss er sich fast zwangsläufig an seinen Vater halten. Ein schwieriges Unterfangen. Die Väter der heutigen erwachsenen Männer waren zumeist nicht in der Lage, sich ihren Söhnen einfühlsam zu nähern und ihnen bei ihrer Mannwerdung zu helfen – schließlich waren sie selber oft gefangen in ihrem Bild von Männlichkeit, das Gefühle und Nähe kaum zuließ. Viele Casanovas haben ihre Väter – selbst wenn sie treue, fürsorgende Familienoberhäupter waren – als emotional unabhängig erlebt.

Da sich der Casanova als Kind dem Vater also nur selten und zurückhaltend nähern durfte, bleibt ihm lediglich ein Weg, um seine männliche Identität zu beweisen: Er imitiert die scheinbare Autonomie des Vaters und sucht zugleich ‹Nichtweiblichkeit› zu leben. Als Mann führt er diesen Beweis unter anderem, indem er verführt und erobert. Diese Beweise stets aufs Neue erbringen zu müssen, seine Ängste und Sehnsüchte ständig zu verbergen und gleichzeitig jede Partnerin auf Distanz halten zu wollen ist eine anstrengende Aufgabe. Sie zu erfüllen bedeutet, sich extrem zusammenreißen zu müssen. Und all diese Anstrengungen verhindern, dass der Casanova eine entspannte Beziehung führen kann, in der er sich auch nur einigermaßen wohl und zu Hause fühlt.

Das Dilemma des Casanovas ist, dass er weder abhängig sein will noch sich trennen möchte. Die scheinbare Lösung:

Er begibt sich zwar in eine feste Beziehung hinein, verweigert seiner Partnerin aber Nähe und geht zugleich immer wieder fremd. Jede Affäre ist ein neuer Fluchtweg aus der festen Beziehung sowie ihren Anforderungen und Konflikten. Mit jeder neuen Sexualpartnerin beweist der Casanova sich und der Welt: ‹Ich bin und bleibe unabhängig und frei!›

Sucht – Sehnsucht und Suche

Sucht – das ist ein abschreckendes Wort und weckt unangenehme Assoziationen. Wer süchtig ist, ist gescheitert, kann sich nicht zusammenreißen, hat sich einer Droge ergeben – hat aufgegeben.

Süchtig sind aber nicht nur jene, die von Drogen wie Alkohol oder Kokain abhängig sind und so der Realität entfliehen. Letztendlich ist jeder Mensch mehr oder weniger anfällig für Suchtverhalten, um Gefühle der Leere zu überwinden und Probleme besser zu ertragen. Wer regelmäßig zu viel raucht, arbeitet, fernsieht, nach Macht ringt, Geld ausgibt, immer neue Kicks sucht, isst oder eben immer wieder neue Sexualpartner braucht, benutzt ein Betäubungsmittel.

Jeder Süchtige ist gespalten – nach außen präsentiert er sich stark und selbstsicher, innen fühlt er sich bedürftig, ängstlich, unsicher. Wer nicht damit zurechtkommt, dass er auch schwach ist, den tröstet seine Droge: Der Alkoholiker fühlt sich im Rausch selbstbewusst und eins mit sich, der Arbeitssüchtige zieht sich ganz auf seine Leistungskraft zurück, der Frauenheld tröstet sich mit Affären über seine innere Leere und das Gefühl, unverstanden zu sein, hinweg. Das Merkmal jeder Droge ist, dass sie ihrem Nutzer für kurze Zeit das

Gefühl bietet, ‹ganz› zu sein. Sie gibt ihm eine feste Identität, sie bietet ihm ein Gefühl von Erfüllung.

Ebenso wie jeder andere Süchtige glaubt der Casanova, seine Droge im Griff zu haben. Er entscheidet ja schließlich, wann er sich auf eine neue Affäre einlässt und die nächste Frau für seine Zwecke benutzt. Er ist derjenige, der verführt, erobert, dominiert. Letztendlich jedoch bestimmt die Droge über ihn und zwingt ihn, immer noch eine Frau erobern zu müssen. Für Sucht gilt: Je größer das Selbstwertgefühl unter Drogen ist, desto kleiner ist es am anderen Tag danach – denn das Hochgefühl ist künstlich hergestellt. Das kurzfristig aufgepeppte Selbstbewusstsein ist nicht echt und deshalb schnell wieder bedeutungslos.

Keine Affäre erfüllt den Wunsch des Casanovas wirklich, absolut angenommen und respektiert zu werden. Das liegt nicht nur daran, dass Drogen auf Dauer nicht glücklich machen können. Der Casanova trägt auch noch seinen Teil dazu bei: Sobald eine Frau ihm Nähe anbietet, zieht er sich zurück, weil er befürchtet, dass die ‹Droge› ihn dominieren und vereinnahmen könnte.

Die große Flucht

Sucht ist Sehnsucht und Suche. Der Süchtige sucht intensiver als andere Menschen nach etwas, das ihm verloren gegangen ist: nach dem Gefühl, zufrieden, glücklich und ‹ganz› zu sein. Wer sich immer wieder zwanghaft dem intensiven Rauschgefühl hingibt, das Alkohol, Essen, Arbeit oder eben die Eroberung von Frauen auslösen können, zieht sich zurück aus der gegenwärtigen Welt und protestiert gegen sie. Er will sie nicht, diese Realität, die ihn so einengt, beschneidet und unglücklich macht.

Wer sich verweigert und ausbricht, ist sicherlich nicht einfach nur zu verurteilen. Unsere Gesellschaft fordert in einem hohen Maße, dass wir uns anpassen. Immer wieder muss die Leistung erbracht werden, sich zwischen dem, was man selbst will, und den Rollenerwartungen anderer zu entscheiden. Menschen, die individuell und intensiv leben wollen und nicht immer nur die Norm erfüllen und nach Sicherheit streben, sind also durchaus zu bewundern. Für viele Casanovas ist es auch sehr wichtig zu betonen, dass sie eben unabhängig von den üblichen partnerschaftlichen Normen leben. Wie jeder Süchtige vergisst der Frauenheld dabei allerdings, sich zu fragen, *warum* es ihm denn so ungemein wichtig ist, sich der normierten Welt zu entziehen – einer Welt, in der er verantwortlich und eigenständig leben und handeln müsste. Er weiß nur, dass er ausbrechen und sein Glück finden muss – dass er dabei auf der Flucht ist, macht er sich nicht bewusst. Der Casanova flieht davor, sich für ein konkretes, bewusstes Lebensziel entscheiden zu müssen. Und er flieht vor dem ganz alltäglichen Beziehungsleben mit all seinen Herausforderungen und Anstrengungen – tauscht es ein gegen die Suche nach dem nächsten Rausch, der nächsten Eroberung, dem ewigen Wohlbefinden.

Ebenso wie andere Süchtige ändert der Casanova sein Verhalten auch dann nicht, wenn er merkt, dass es seiner momentanen festen Beziehung schadet. Dass seine Sucht, seine Affären, Konsequenzen haben könnten, will er nicht wahrhaben. Es ist ein Merkmal von Sucht, dass der Süchtige kaum oder keine Verantwortung für sein Handeln übernimmt. Er redet sich seine Sucht klein – weil er sich verwirklichen will, weil er sein Glück sucht, weil er auf sich selbst achten muss, denn es versteht ihn ja sonst niemand.

4. Sexuelle Untreue: Evolution, Biologie, Umwelt, Psyche?

Entwicklungsforscher, Biologen, Soziologen und Psychologen haben sich zwar kaum explizit mit dem Thema Untreue, aber ausgiebig mit der menschlichen Sexualität beschäftigt – und immer wieder neue Theorien und Erkenntnisse dazu veröffentlicht. Aus allem, was die verschiedenen Disziplinen über Sexualität und Paarbeziehungen herausgefunden haben, können für das Thema sexuelle Untreue drei Erklärungsmodelle herausgefiltert werden:

- Untreue ist angeboren und somit genetisch bedingt
- Untreue ist ein gesellschaftliches, also erlerntes Phänomen
- Untreue lässt sich aus der individuellen Geschichte und Psyche jedes Einzelnen heraus erklären

Wenn es darum geht, das menschliche Verhalten und somit auch Phänomene wie Liebe und Sexualität zu erklären, nähern Psychologie, Biologie und Soziologie sich immer wieder aneinander an – und wenden sich oftmals, sobald eine der Disziplinen neue Erkenntnisse vorzuweisen hat, auch wieder voneinander ab.

Bis heute besteht in der Wissenschaft keine Einigkeit darüber, ob menschliches Handeln – also auch sexuelle Untreue – nun eher biologisch, eher durch gesellschaftliche Bedingungen oder überwiegend durch individuelle Erfahrungen und innere Konflikte bestimmt ist.

Andersherum gesagt – die Forscher der unterschiedlichen Disziplinen gestehen sich gegenseitig bestenfalls ein, dass menschliches Verhalten eine komplizierte Wechselwirkung von individueller Psyche, Umweltbedingungen und biologischer Veranlagung ist.

Die individuelle Geschichte fremdgehender Männer sowie die

kulturellen Normen und Bilder, die sie beeinflussen, sind hier bereits besprochen worden. Zeit für einen Ausflug in die biologische Wissenschaft. Biologen, Evolutionswissenschaftler und Gehirnforscher haben in den letzten Jahren zahlreiche Beweise für die biologischen Unterschiede zwischen Mann und Frau hinsichtlich der Hormonfunktionen, bestimmter Gehirnmerkmale und anderer körperlicher Aspekte geliefert. Dabei stellt sich die Frage, ob diese Unterschiede wohl auch für sexuelle Untreue verantwortlich sein können.

Fremdgehen als biologischer Auftrag?

Vorweg: Es gibt kein Untreue-Gen. Wer fremdgeht, tut dies nicht, weil seine Natur es ihm befiehlt. Tatsache ist jedoch auch, dass jeder Mensch Teil der Evolution ist. Etliche Biologen, Entwicklungs- und Verhaltensforscher schlussfolgern daraus, dass man bei jeder menschlichen Handlung eventuell Spuren der jahrtausendealten menschlichen Entwicklungsgeschichte nachweisen kann.

Und weiter: der Mensch sei, wie alle anderen Organismen auch, darauf programmiert, für die bestmögliche Weitergabe seiner Erbanlagen zu sorgen. Logisch gesehen würden Männer diesen Auftrag am besten erfüllen, indem sie ihre Gene möglichst weitläufig verteilen. Frauen – deren Aufgabe es ist, den Nachwuchs auszutragen und aufzuziehen – würden sich sinnvollerweise am besten einen Partner mit guten Erbanlagen suchen, der sie außerdem bei der Aufzuchtarbeit schützt und unterstützt.

Akzeptieren wir diese Theorie erst einmal und lassen uns darauf ein, dass diese Unterschiede auch unser Sexualverhalten prägen: Männer gingen und gehen demzufolge fremd, weil sie (nicht persönlich, aber entwicklungsgeschichtlich) ein Interesse daran haben, mit einem möglichst geringen Aufwand eine möglichst große Anzahl von Kindern zu zeugen.

Dieses Verhalten, so einer der gegenwärtig populären wissenschaftlichen Trends, finden wir bereits bei unseren urzeitlichen Vorfahren. Der Mensch habe in seiner Entwicklung zwar gelernt zu reflektieren, sich bewusst zu entscheiden und moralische Grundsätze zu berücksichtigen, in vielen menschlichen Verhaltensweisen (wie z. B. Angst, Aggressivität oder Lust) würden sich jedoch biologische Grundlagen finden. Folgerichtig könne man männliches – und weibliches – Verhalten auch als naturgegeben auffassen. Wenn Jungen gerne balgen und sich produzieren, wenn Männer große Autos fahren und sich privat und beruflich aufspielen müssen, habe das letztendlich nur damit zu tun, dass sie sich seit Urzeiten in der Horde als Krieger und den ‹Weibchen› gegenüber als bester Sexualpartner beweisen müssten. Der Mensch mag sich zwar seiner Umwelt anpassen können – seine Triebausstattung könne er aber lediglich beeinflussen, nicht ändern. Letztendlich folge er immer noch dem Gebot der Arterhaltung.

Sexualhormone und Gehirn

Warum kann sich das Argument eines biologisch verankerten Sexualtriebs so hartnäckig im Bewusstsein vieler Menschen halten?

Es lohnt sich, an dieser Stelle etwas ins Detail zu gehen.

Hormone sind körpereigene Wirkstoffe. Sie bewegen sich als Botenstoffe durch den Körper, steuern Stoffwechselprozesse, bringen Informationen zu den Zellen und Organen.

Für uns interessant sind die Sexualhormone. Sie sind u. a. dafür verantwortlich, dass sich die männlichen und weiblichen Geschlechtsmerkmale ausbilden und ihre Fortpflanzungsaufgabe übernehmen können. Im Wesentlichen sind bei der Frau Östrogene wirksam, beim Mann Testosterone. Beim anfänglich geschlechtslosen Embryo werden durch Testosterone die Hoden entwickelt, durch Östrogene die Eierstöcke. Von der Pubertät an produzieren Hoden und Eierstöcke selber Testosteron bzw. Östrogen – der Spiegel der Sexualhormone steigt an, und sie werden mit dem Blut in jeden Teil des Körpers transportiert.

Testosterone bewirken u. a., dass Männer eine stärkere Körperbehaarung und eine tiefere Stimme haben. Östrogene bewirken u. a. die Entwicklung der weiblichen Brust und die typisch weibliche Verteilung des Körperfettes. Sie steuern außerdem den Menstruationszyklus und die Schwangerschaft mit.

Es gibt in der Biologie den Trend, anzunehmen, dass Sexualhormone auch das Verhalten steuern. Das männliches Testosteron, so wird vermutet, unterstützt aggressives Verhalten und steuert die sexuelle Erregung. Das weibliche Östrogen hingegen soll gefühlsbetontes, soziales Verhalten fördern.

Es gibt Wissenschaftler, die zu der Schlussfolgerung neigen, dass Männer ihre ‹Eroberer›-Hormone besitzen, um möglichst viele Frauen begatten zu können, Frauen hingegen sind ihren ‹Sozial›-Hormonen unterworfen, weil sie seit Urzeiten darauf angewiesen sind, die Kinder fürsorglich aufzuziehen, den Mann bei sich zu halten und für eine ausgeglichene Stimmung in der Gruppe und der Zweierbeziehung zu sorgen.

Auch Hirnforscher interessieren sich für die Unterschiede zwischen Mann und Frau. Seit einiger Zeit beschäftigt sich die Hirnforschung mit dem limbischen System. Von diesem Teil des Gehirns aus – so der derzeitige Stand der Forschung – werden Emotionen gelenkt. Oder besser gesagt: Hier werden Trieb- und Instinkthandlungen ausgelöst und beeinflusst, von hier aus reagieren wir gefühlsmäßig auf Umweltreize. Und das, so meinen einige Gehirnforscher herausgefunden zu haben, tun Männer und Frauen sehr unterschiedlich. Das limbische System ist zweigeteilt – in einen älteren und einen neueren Teil. Das männliche Gehirn hat bei einigen Untersuchungen stärkere Aktivität im älteren limbischen Teil gezeigt – jenem Bereich, der sich schon sehr früh im Lauf der Evolution gebildet hat und den man auch in den Gehirnen von Ratten, Hunden und Reptilien findet. Dieser Part, so wird bislang angenommen, steuere spontane emotionale Aktionen: Angst, Flucht, Kampf, Freude, sexuelles Verlangen.

Die Gehirne von Frauen hingegen sollen stärkere Aktivität im neueren Teil des limbischen Systems zeigen – in jenem Bereich, der sich erst später im Laufe der menschlichen Entwicklungsgeschichte herausgebildet haben soll. Der neuere Teil liegt in der Nähe des Sprachzentrums und soll für all jene Reaktionen und Gefühle zuständig sein, die soziale Bindung und Anpassungsfähigkeit fördern.

Wie mag uns das weiterhelfen, wenn wir versuchen, männliches Fremdgehen zu ergründen? Man könnte folgende Schlussfolgerung daraus ziehen: Wenn der Mann einen Trieb verspürt – ob nun Zorn oder Lust –, neigt er eher dazu, ihn spontan abreagieren zu wollen. Eher jedenfalls als die Frau, die gelernt hat, reflektiert mit ihren Trieben umzugehen und ihr Tun auf mögliche Konsequenzen hin zu überprüfen. Zusätzlich angetrieben durch das Sexualhormon Testosteron, könnte der Mann also – rein biologisch gesehen – eher dazu neigen, seinem Drang nach Sex nachzugeben.

Die bisherigen Erkenntnisse über das limbische System bieten auch noch eine andere Erklärungsvariante für das vermeintlich männliche Bedürfnis fremdzugehen: Im männlichen limbischen Part gebe es, so die Vermutung, bestimmte Gebiete, die dafür zuständig sind, Sexualität und Aggression zu steuern. Diese beiden Gebiete seien zwar getrennt, säßen jedoch sehr nah beieinander. Aggression und Sexualität würden nur deshalb nicht ungezügelt ausgelebt, weil das limbische System von einem moderneren Teil des Gehirns ummantelt ist: der Gehirnrinde. Und diese sei – sehr vereinfacht gesagt – zuständig fürs Reflektieren, Nachdenken und kontrollierte Denken.

Man kann nun der Theorie folgen: Die Gehirnrinde sorgt einerseits dafür, dass Männer ihre Sexualität kontrollieren. Andererseits ist dieser Teil des Gehirns in der Lage, kluge Lösungen zu entwickeln.

Lösungen, durch die Impulse wie sexuelles Verlangen ebendazu ausgelebt werden können. Der Mann sucht sich demzufolge eine feste Partnerin, um seinen genetischen Fortpflanzungsauftrag zu erfüllen – und versucht nebenher, möglichst viele andere Partnerinnen zu verführen.

Wissenschaft – Aussage gegen Aussage

Es ist nicht zu beweisen, ob Fremdgehen als quasi natürliche Anlage im Mann steckt. Laboruntersuchungen, in denen Hormone, Gehirne und Verhalten fremdgehender Männer beobachtet und analysiert werden, gibt es nicht, stattdessen jedoch jede Menge Vermutungen, wie männliches Sexualverhalten und männliche Biologie zusammenhängen.

Die Gefahr, mit biologischen Theorien und vermeintlichen Beweisen (un-)soziales Verhalten, eingefahrene Bilder und überkommene gesellschaftliche Strukturen zu bestätigen, ist groß. Werfen wir also einen kritischen Blick auf die eben beschriebenen populären Theorien.

Männer seien darauf programmiert, ihre Gene möglichst vielfältig zu verteilen, argumentieren die Evolutionsforscher. Es fragt sich jedoch: Ist der Mann nicht womöglich viel eher darauf programmiert, sich für seine Gene die genetisch optimalste Frau zu suchen und mit ihr gemeinsam die wertvollen Nachkommen zu versorgen? Das wäre doch auf jeden Fall effizienter und logischer, als seinen Samen einfach breit zu streuen – und sich dabei weder sicher sein zu können, dass auch von weiblicher Seite ‹gute› Gene ins Spiel kommen, noch, dass die Nachkommen auch überleben.

Den evolutionären Theorien folgend, war und ist der Mensch zudem nicht einfach daran interessiert, sich fortzupflanzen – sondern stets bemüht, gesunde und an die Umwelt bestmöglich angepasste

Nachkommen zu erzeugen, um das Überleben der Spezies zu sichern. Der Mensch wird also von seiner Umwelt geprägt, erlernt neue, lebensnotwendige Erkenntnisse und Fähigkeiten und gibt diese dann an die kommende Generation weiter. Wenn somit immer nur die sinnvollsten und besten Gene weitergegeben werden – welchen Sinn sollte dann heute der überflüssige männliche Trieb haben, möglichst viele Nachkommen zu zeugen? Zumal Frauen nach der Evolutionstheorie sich natürlich gezielt für jene Männer entscheiden, die ihnen helfen, den Nachwuchs aufzuziehen.

Wenn man das menschliche Verhalten mit bestimmten bekannten Genen und Veranlagungen erklärt, bleibt die Frage offen: Wieso unterscheiden sich die Mitglieder ein und derselben Kultur so stark voneinander? Schließlich gibt es treue und untreue Männer, treue und untreue Frauen, es gibt kriegerische Soldaten und sanftmütige Kindergärtner, es gibt aggressive Managerinnen und aufopferungsvolle Krankenpflegerinnen. Die unterschiedlichen Menschen prägen ihre Umwelt – und die wiederum prägt die Menschen, jeden einzelnen auf ganz eigene Art und Weise. So werden Fähigkeiten und Eigenschaften immer weiter neu gemischt und lassen jeden Menschen von Geburt an ein Individuum sein – ohne zwanghaft festgelegte Veranlagung.

Wieso sollte irgendein Mann auf dieser Welt seine Sexualität also nach uralten Gesetzmäßigkeiten ausrichten? Er wäre ja nicht viel mehr als ein völlig unflexibles, überholtes Modell, das spätestens in wenigen Generationen gänzlich ausgestorben sein müsste.

Eigenschaften, die über Jahrhunderte nicht mehr gebraucht wurden, mögen im Menschen noch vorhanden sein – er ist ihnen jedoch nicht mehr unterworfen. Wenn man an die Macht der Gene glaubt, so muss man auch daran glauben, dass sie – durch veränderte gesellschaftliche Bedingungen – über die Generationen neu gemischt, geordnet und gewichtet werden können. Früher war es für den Mann wichtig, viele Kinder zu zeugen, weil sein sozialer Status davon abhing. Seitdem in unserer Kultur Verhütung selbstverständlich ist und Kinder kein Prestigeobjekt mehr sind, sind die alten «Vermehre dich, so viel du kannst»-Gene schlicht nicht mehr sinnvoll. Zumindest sind Männer mit diesen Merkmalen in der Regel keine Wunschpartner mehr. Gesetzmäßigkeiten, die über Jahrtausende sinnvoll waren, könnten also durch veränderte kulturelle Einstellungen schnell ins Aus geraten – auch genetisch.

Es gibt Untersuchungen, die belegen, dass Sexualhormone nicht nur für die Ausprägung männlicher und weiblicher Geschlechtsmerkmale sorgen, sondern zudem die sexuelle Lust beeinflussen. Es gibt Wissenschaftler, die davon überzeugt sind, dass die Hormone auch für typisch männliches oder weibliches Verhalten verantwortlich sind. Einige dieser Forscher vertreten sogar die folgende populäre Argumentationskette: Da Testosteron sowohl für die männliche Libido als auch für Aggressivität zuständig ist, unterliegt jeder Mann dem hormonellen Drang, Frauen zu erobern.

Dabei stellt sich die Frage, wo bei diesem Modell all jene Männer bleiben, die nicht das Bedürfnis haben, sexuell untreu zu sein? Und wie ordnet man jene Casanovas ein, die ihren ‹aggressiven Eroberungsdrang› in sanften Charme umwandeln, um eine Frau nach der anderen zu verführen? Was ist mit all den Männern, die sich durchaus mal ein Jahr Pause gönnen können, bis sie die nächste Affäre beginnen? Ist der Hormonspiegel all dieser Casanovas durcheinander geraten? Oder unterdrücken sie Tag für Tag ihre Triebe?

Selbst wenn wir uns drauf einlassen, Testosterone, Aggressivität und sexuelle Untreue überhaupt miteinander zu verknüpfen, sollten wir uns bewusst machen, dass es populär und medienwirksam ist, unbeherrschtes Verhalten oder Machtgelüste mit einem erhöhten Testosteronspiegel zu erklären. Kaum bekannt ist dagegen, worauf kritische Wissenschaftler hinweisen: Bis heute gibt es keinen eindeutigen Nachweis, dass eine erhöhte Testosteronproduktion aggressives Verhalten verstärkt. Die kritische Forschung stellt Fragen, die nicht so medienwirksam sind. Ist ein Mann ein Eroberer, weil er einen hohen Testosteronspiegel hat? Oder steigt der Testosteronspiegel, weil der Mann sich männlich verhält?

Gerne verdrängt wird in diesem Zusammenhang auch der psychologische Denkansatz. Er definiert Aggression als absichtliches Verhalten. Es wird unter anderem durch Frustration ausgelöst. Wenn ein aktuelles Bedürfnis nicht befriedigt wird, ist der Mensch enttäuscht und angespannt. Diese Gefühle kann man aushalten. Oder man kann sich dafür entscheiden, seine Gefühle durch Aggression auszudrücken. Diese Art von Aggressivität hat nichts zu tun mit dem legitimen Wutanfall im Affekt. Die psychologische Theorie der absichtlichen Aggression widerspricht der biologischen Theorie einer hormonell gesteuerten Aggression. Auch der noch so frustrierte Mann kann sein Verhalten steuern und kontrollieren und muss eben nicht zwangsläufig losziehen, um Frauen zu erobern.

Das Gehirn, so ein wissenschaftlicher Trend, ist männlich oder weiblich geprägt. Demzufolge werden Männern und Frauen aufgrund ihrer Gehirnstruktur unterschiedliche Stärken und Schwächen zugeordnet. Argumentiert wird mit dem Aufbau der beiden Gehirnhälften (Hemisphären) und des so genannten Balkens (Corpus callosum), der die beiden Hälften miteinander verbindet. Nach dem momentanen Wissensstand ist die linke Hemisphäre bei den meisten Menschen verantwortlich für Sprache, logisches Denken und Abstraktionsvermögen. Die rechte Hemisphäre dagegen steuert Kreativität, Vorstellungskraft und Einsichtsvermögen – im weitesten Sinne also Emotionen. Der Balken zwischen den beiden Hälften besteht aus vielen Millionen Nervenfasern, über die beide Gehirnhälften miteinander Informationen austauschen und kooperieren – der Balken wird also benötigt, damit die Gehirnhälften als Einheit funktionieren können.

Es wird angenommen, dass der Corpus callosum bei Frauen mehr Nervenbahnen als bei Männern enthält. Daraus leiten manche Forscher ab, dass Frauen ihr Gehirn effektiver nutzen können. Sie gebrauchen häufiger als Männer beide Hirnhälften kooperativ. Andere Untersuchungen haben nachgewiesen, dass Männer Probleme damit haben, ihre Gefühle (rechte Gehirnhälfte) über Sprache (linke Gehirnhälfte) auszudrücken.

Solche Ergebnisse werden gerne zu der Schlussfolgerung verknüpft, dass Männer nur schwer über ihre Gefühle sprechen können, weil ihnen einige Nervenfasern fehlen. Da die Verbindung zwischen beiden Gehirnhälften schwächer ausgeprägt ist als bei Frauen, würden sie sich beim Denken eher auf die linke Gehirnhälfte konzentrieren, also auf jene, die für Logik und Abstraktion zuständig ist. In einem weiteren Schritt soll damit erklärt werden, warum Männer dazu neigen, emotionalen Problemen aus dem Weg zu gehen und stattdessen eher in der Lage sind, unverbindlichere Affären einzugehen.

Nicht an die Öffentlichkeit gedrungen ist, dass die Balken-These unter Gehirnforschern stark umstritten ist. Tatsächlich haben die Untersuchungen des Balkens bislang nur Widersprüchliches aufgezeigt:

1. Der weibliche Balken ist proportional größer als der männliche – wenn man berücksichtigt, dass das weibliche Gehirn insgesamt etwas kleiner als das männliche ist.
2. Wenn man die unterschiedliche Gehirngröße nicht berücksichtigt, ist der männliche Balken größer als der weibliche.
3. Es gibt Nachweise dafür, dass emotionale und geistige Leistungen etwas mit der Stärke des Gehirnbalkens zu tun haben – und es ist ebenso nachgewiesen worden, dass dem nicht so ist.
4. Aktuelle Messungen zeigen, dass möglicherweise viele frühere Ergebnisse ungültig sind, weil die alten Messmethoden unzulänglich waren.

Bis heute konnte nicht bewiesen werden, ob männliches oder weibliches Denken, Fühlen und Verhalten etwas mit dem unterschiedlichen Gehirnaufbau von Männern und Frauen zu tun hat.

Eines der Ziele der Gehirnforschung war immer schon, das menschliche Verhalten besser begreifen zu wollen. Es ist gut zu wissen, *wie* bei dieser Erkenntnissuche vorgegangen wird. Die Forscher nehmen sich ein bestimmtes Verhalten vor und versuchen dann, es anhand der Anatomie des Gehirns zu beweisen. Wenn also z. B. eine überwiegende Anzahl von Männern schnell auf weibliche körperliche Reize reagiert oder/und Probleme hat, über Gefühle zu sprechen, wurde nach einer entsprechenden Gehirnregion gesucht, in der sich gesteigerte Aktivität nachweisen ließ. Anschließend wurde festgestellt, dieses oder jenes Verhalten sei biologisch angelegt. Kritische Forscher vermuten, dass immer das gefunden wird, was schon vorausgesetzt wurde. Ihre Feststellung lautet: Die Unterschiede von Männern untereinander sind größer als die Unterschiede zwischen Männern und Frauen.

Das Bedürfnis fremdzugehen ist kein biologischer Trieb. Männliche Sexualität ist (genau wie weibliche) ein Zusammenspiel aus dem, was ein Mann körperlich spürt, und aus all den Facetten von Männlichkeit, die er im Laufe seines Lebens erlernt hat.

So viel hat uns die Psychologie gelehrt: Der Mensch übt seine Sexualität aus, weil er auf der Suche danach ist, ein bestimmtes Bedürfnis auszuleben – das Bedürfnis nämlich, ein befriedigendes Erlebnis noch einmal zu erleben. Gesucht wird nach intensiven Reizen und Lust. Solange ein Mann seine Affären als spannendes Spiel erlebt, solange er die Gefühle genießt, die Sex mit wechselnden Frauen bei ihm wachrufen, wird er versuchen, diese Erregung immer wieder herbeizuführen. Hinzu kommen Vorstellungen von Männlichkeit, die sich auf die ganze Persönlichkeit – und somit auch auf die Sexualität – auswirken: stark sein, erobern, die Kontrolle bewahren.

Die Rollen von Mann und Frau sind nicht durch die Biologie festgeschrieben. Beide Geschlechter folgen den Erwartungen, die die Gesellschaft an sie stellt, und nehmen so ihre Rollen an und ein. Dabei bleiben die biologischen Unterschiede von Mann und Frau sicherlich nicht ohne Wirkung – *wie* und in welchem Umfang biologische Unterschiede eine Rolle spielen, ist jedoch nicht nachgewiesen und kann bislang nur vermutet werden.

5. Casanovas Partnerin

Frauen und Bindungen: zwischen Wunsch und Wirklichkeit

Letztendlich spielt es keine Rolle, ob es nun der weibliche Hormonhaushalt, das Gehirn, die Gene oder gesellschaftliche Traditionen sind, die Frauen zu dem gemacht haben, was sie heute sind. Wir mögen es biologisch begründen oder kulturell – Tatsache bleibt, dass enge Beziehungen zu anderen Menschen für die meisten Frauen ungemein wichtig sind.

Die gesellschaftlichen Erwartungen an Frauen haben dabei immer eine Rolle gespielt. Bis vor wenigen Jahrzehnten waren Frauen nahezu ausschließlich für Kinder, Familie, Partnerschaft und Haus zuständig. Mit anderen Worten: für Nähe. Distanz ist eine Tugend, die Frauen bis heute nur selten abverlangt wird. Abstand ist eine sehr männliche Qualität geblieben – auch wenn Frauen sie einsetzen. Sich die Welt zu erobern, Wissen anzuhäufen und den Dingen auf den Grund zu gehen ist gewiss kein männliches Privileg mehr – aber mit Sicherheit werden diese Fähigkeiten immer noch weniger als weibliche denn als männliche betrachtet.

Nach wie vor haben Männer in unserer Gesellschaft eine große Chance, Distanz und Abgrenzung zu lernen und zu leben. Frauen – egal, ob Mütter oder nicht – lernen nach wie vor, sich für Beziehungen und Bindungen einzusetzen.

Wer für Bindungen zuständig ist, muss sich einlassen auf sein Gegenüber. Und umgekehrt: Wer scheinbar besser in der Lage ist, sich einzulassen und zu binden, wird zuständig gemacht für Beziehungen.

Frauen reflektieren viel und intensiv über ihre Beziehungen zu ihrem Partner, zur Familie, zu Freundinnen und Arbeitskolleginnen – denn von diesen Beziehungen hängt ihr Selbstwertgefühl stark ab. Wie sehr sich Frauen selbst achten und wie gut sie sich fühlen, hängt ganz wesentlich damit zusammen, wie gut sie sich in ihren Beziehungen fühlen.

Dass Frauen so abhängig von Beziehungen sind, kann man unter dem Gesichtspunkt Autonomie sicherlich kritisch bewerten. Auf der anderen Seite können enge Bindungen für die persönliche Entwicklung sehr hilfreich sein. Wer sich in einer Partnerschaft ausleben darf, wer verstanden wird und emotionale Fähigkeiten wie z. B. Einfühlungsvermögen besitzt, der hat die Chance, sich autonom und positiv zu entwickeln.

Wir gehen hier nicht davon aus, dass Frauen die besseren Menschen sind, nur weil sie viel Energie in ihre Beziehungen stecken. Wir können aber davon ausgehen, dass Frauen gute Gründe haben, sich binden zu wollen – und es nicht einfach deshalb tun, weil sie nicht in der Lage sind, autonom zu leben. Frauen suchen auch deshalb Bindungen, weil sie glauben und hoffen, dass ihnen eine feste Partnerschaft gut tut und ihnen hilft, sich weiterzuentwickeln. Gleichzeitig leben sie aber in einer Gesellschaft, in der Abhängigkeit eher als Schwäche betrachtet wird, Autonomie hingegen positiv besetzt ist. Von solchen kulturellen Leitbildern lassen sich Frauen, ebenso wie Männer, natürlich beeinflussen. Das moderne (Vor-)Bild eines autonomen Menschen spielt in der Beziehung zu einem Casanova sicherlich auch für die Frau eine Rolle. Egal, wie groß ihre Sehnsucht nach Verbindlichkeit und Nähe sein mag – wenn sie auf einen Frauenhelden trifft, wird sie ihre eigenen Gefühle und Wünsche fast zwangsläufig infrage stellen. Darf sie sich so viel ‹ungesunde› Nähe wünschen? Ist nicht vielmehr das autonome Verhalten des Casanovas – so ‹unmoralisch› es sein mag – richtig?

Warum Casanovas Frauen bleiben

Frauen, die es an der Seite fremdgehender Männer aushalten, haben Probleme, mit denen auch viele andere Frauen zu kämpfen haben. Bestimmte Verhaltensmuster finden sich bei Casanovas Frauen jedoch besonders häufig. Dabei nehmen sie grundsätzlich die Rolle einer Gegenspielerin ein – sie stützen das System des Casanovas, obgleich sie es doch eigentlich verändern wollen.

Frauen fremdgehender Männer sehnen sich vehement nach einer positiven Beziehung und danach, sich bei einem anderen Menschen aufgehoben fühlen zu können. Zugleich leiden sie fortwährend daran, dass sie einen Mann lieben, den sie niemals ganz für sich haben können. Einen, der ihnen das Gefühl der Geborgenheit eben immer nur ab und zu vermitteln kann.

Positiv gesagt: Wer einen fremdgehenden Partner hat, wird besonders stark gefordert, zu erkennen, dass zu einer Beziehung auch Dissonanzen gehören. Dass jeder Mensch von seinem Partner getrennt und verschieden bleibt und es eben keine absolute Zusammengehörigkeit, keine Symbiose gibt.

Casanovas Partnerinnen müssen erkennen, dass sie so sehr um ein gemeinsames Beziehungsheim ringen können, wie sie wollen – ihr Partner wird immer wieder daraus fliehen.

So gesehen, könnte man Frauen von fremdgehenden Männern zugestehen, dass sie aufgrund ihrer Erfahrungen ein reelles Bild von den unterschiedlichen Bedürfnissen in Beziehungen haben. Ein reelleres zumindest als jene Frauen, die sich in treuen Partnerschaften befinden und mit allzu schonungslosen Erkenntnissen nicht konfrontiert werden. Denn die Frauen der Casanovas wissen, bewusst oder unbewusst: Harmonie und Glück sind nicht allein der entscheidende Maßstab für eine Partnerschaft. Vielmehr zeigt sich Zusammengehörigkeit auch in dem, was man gemeinsam durchlebt hat: dem Hoffen, der Sehnsucht, dem Kampf, dem Leiden.

Für all jene, denen betrogene Frauen zum zweiten, dritten oder zehnten Mal unter Tränen erzählen, wie sehr sie unter ihrem fremdgehenden Partner leiden, ist es sehr schwer zu verstehen, warum diese Frauen bei ihren Männern bleiben.

Im besten Fall bleiben die Partnerinnen der Casanovas, weil sie sich mit dem Partner und der Beziehung identifizieren. Es mag das Gefühl sein, wichtig und kostbar für den Partner zu sein und sein Schicksal teilen zu wollen. Es mag sein, dass es bei allem Leiden unter der Untreue doch ein Gleichgewicht gibt – dass der Casanova seine Partnerin auf irgendeine Weise, emotional oder tatkräftig, im Alltag unterstützt.

Es wäre wunderbar einfach, wenn es eine klare Definition für eine gute Partnerschaft geben würde. Es wäre ungemein hilfreich, wenn man Listen abhaken könnte mit all jenen Punkten, die erfüllt sein müssen, damit eine Beziehung als funktionierend bezeichnet werden kann.

Tatsächlich gibt es immerhin Kriterien, die stabile Partnerschaften auszeichnen.

Sich aufeinander verlassen können:

Beide Partner gehen davon aus, dass die Beziehung von Dauer ist, und setzen sich auch dafür ein. Keiner der beiden droht (ausgesprochen oder durch seine Handlungen), den anderen zu verlassen. Versprechungen werden eingelöst.

Sich gegenseitig achten und annehmen können:

Die Partner können ihre Gefühle aussprechen, ohne sich dabei unsicher zu fühlen. Ärger und Trauer dürfen mitgeteilt werden, ohne dass der andere völlig verständnislos oder verletzend reagiert. Beide Partner akzeptieren sich gegenseitig so, wie sie sind, oder bemühen sich intensiv darum. Keiner versucht, den anderen zu dominieren oder zweifelt an dessen Fähigkeiten und Gefühlen. Beide Partner verhalten sich so, dass sie sich gegenseitig achten können. Sie sind in der Lage, sich und ihre Gefühle zu kontrollieren, sich weiterzuentwickeln und Verantwortung für ihr Handeln zu übernehmen.

Gemeinsam planen:

Beide Partner haben grundsätzlich ähnliche Vorstellungen von einer gemeinsamen Zukunft. Sie sind in der Lage, gemeinsame Vorstellungen auszuhandeln und dabei die Wünsche ihres Gegenübers zu berücksichtigen.

Zärtlich miteinander umgehen:

Beide Partner schenken sich körperliche Nähe und Zärtlichkeit und behandeln ihr Gegenüber liebevoll und aufmerksam.

Die Partnerinnen der Casanovas mögen sich daran festhalten, dass viele dieser Kriterien zumindest punktuell oder zeitweise auf ihre Beziehung zutreffen. Und selbst wenn der Casanova durch seine Affären die Grundlagen für eine funktionierende Partnerschaft immer wieder infrage stellt – die meisten seiner Frauen halten die Hoffnung aufrecht, es könnte besser werden. Sie nehmen es als positives Zeichen, dass ihre Beziehung regelmäßig Zerreißproben und Krisen übersteht – weil sie stets aufs Neue (wenn auch nicht vollständig) verzeihen, weil der Casanova immer wieder reuevoll zurückkehrt, weil er Besserung gelobt. Somit gelangt Casanovas Partnerin immer wieder an einen Punkt, an dem sie sagen kann: ‹Es mögen die klassischen Kriterien für eine gute Partnerschaft zwar nicht auf meine Beziehung zutreffen – dennoch gehören wir zusammen, weil wir das alles gemeinsam durchstehen.›

Wenn man verstehen will, warum Frauen in einer Beziehung bleiben, in der sie leiden, sollte man unbedingt einen genaueren Blick auf die Bedeutung der Begriffe Partnerschaft und Liebe werfen. Eine Partnerschaft besteht aus einem ausbalancierten Gleichgewicht zwischen zwei Menschen, aus gerechten Vereinbarungen und gemeinsamen Zielen. Sie unterliegt also bestimmten sozialen Regeln. Sie ist im besten Fall ein gerechtes Tauschgeschäft, bei dem beide sich darauf verlassen können, ebenso viel zu bekommen, wie sie investieren. Solch ein Tauschgeschäft gerät in der Beziehung zu einem Casanova oft aus der Balance. Was bleibt, ist das Gefühl der Liebe. Und die kann funktionieren, auch wenn oder gerade weil sie kein gerechtes Tauschgeschäft ist. Im Gegensatz zur Partnerschaft ist Liebe nicht moralisch, vernünftig oder zweckmäßig. Dabei besteht mit Sicherheit die Gefahr, dass allzu viel entschuldigt wird, was im Namen der Liebe geschieht. In jedem Fall ist Liebe ein Grund, um in einer Beziehung – auch wenn sie keine gute Partnerschaft ist – zu bleiben. Liebe ist grundsätzlich nicht logisch, sie ist chaotisch, ist widersprüchlich. Wer liebt, mag die Fehler seines Partners als Gefahr für sich selbst erkennen und ihn trotzdem lieben. Wer liebt, kann stark sein und sich seinem Partner dennoch unterwerfen wollen. Wer liebt, mag leiden und dennoch genießen. Die Frage von Außenstehenden ‹Ist das noch Liebe?› ist dabei für viele Liebende müßig. Wegen der Liebe eben meinen sie ja vieles aushalten zu können, was anderen untragbar erscheint.

Wer liebt, kann auf vieles verzichten, was eine gleichberechtigte Partnerschaft ausmacht.

Logischerweise funktioniert eine Beziehung zwischen zwei Menschen umso besser, je mehr sich beide partnerschaftlich verhalten. Wenn es Konflikte in der Partnerschaft gibt, dann deshalb, weil es eben nicht gerecht und korrekt zugeht.

Der Casanova folgt den Regeln einer funktionierenden Partnerschaft oftmals nicht. Er bricht immer wieder aus, er gestattet sich Freiräume, die er seiner Partnerin selbst nicht zugesteht, er stellt seine und die Gefühle seiner Partnerin immer wieder infrage, er mag sich nicht dauerhaft und zukunftsorientiert auf gemeinsame Verbindlichkeiten einlassen. Wenn seine Partnerin die Beziehung dennoch aufrechterhält, dann auch deshalb, weil – positiv gesehen – die Liebe ins Spiel kommt: Sie kann Ungerechtigkeit ertragen. Das mag man positiv bewerten oder negativ, letztendlich bleibt nur die Erkenntnis: Was Liebe in einer Beziehung ausmacht, kann man nicht definieren, bewerten oder in klare Argumente fassen.

Die Frage, ob ihre dramatische Liebesbeziehung tatsächlich eine schlechte Beziehung ist oder vielmehr eine besonders lebendige, können Casanovas Frauen nur schwer beantworten. Denn wo hört gesunde Dramatik auf, und wo fängt es an, gefährlich für das eigene Wohlbefinden zu werden?

Frauen fremdgehender Männer identifizieren sich oftmals so sehr mit ihrem Partner und der Beziehung, dass sie ihr eigenes Wohlbefinden und ihre Grenzen aus den Augen verlieren. Sie bleiben, obgleich sie ihre Persönlichkeit, ihre Wünsche und ihre Werte angegriffen und verletzt fühlen.

Wie Casanovas Frauen leiden

Es gibt Phasen, in denen betrogene Frauen ihre Gefühle unter Kontrolle haben. Zeiten und Momente, in denen sie nicht nur zu wissen meinen, warum ihr Partner fremdgeht, sondern in denen sie tatsächlich glauben, dieses Wissen auch gefühlsmäßig verinnerlicht und akzeptiert zu haben – sodass sie in der Lage sind, der Situation mit Gelassenheit zu begegnen. Die Frauen der Casanovas genießen diese Phasen, in denen es ihnen gut geht und in denen sie sich nicht erschüttern lassen. Sie fühlen sich wohl, geliebt, selbstbewusst und empfinden ihren Partner so, wie er eben auch sein kann: liebevoll, klug und einfühlsam.

Der Rückschlag kommt, wenn der Casanova wieder einmal eine Affäre gestanden hat – oder seine Partnerin sie zufällig entdeckt, bewusst nach Beweisen gesucht und sie gefunden hat.

Frauen, die das nicht zum ersten Mal erleben, versuchen möglicherweise, sich vom Schock nicht völlig aus der Bahn werfen zu lassen, sondern fragen sich: ‹Warum bin ich so verletzt, wenn mein Partner Nähe mit einer anderen Frau erlebt? Wird mir dadurch tatsächlich etwas genommen?›

Auch wer versucht, rational und vernünftig mit der Verletzung umzugehen, wird zumeist bald doch von einem Gefühlssturm aus Trauer, Kränkung und Selbstzweifeln heimgesucht.

Es gibt viele Frauen, die ihre verletzten Gefühle kompensieren, indem sie sich in selbstzerstörerisches Verhalten flüchten. Manche Frauen beginnen zu hungern, werden vielleicht sogar magersüchtig oder bulimisch. Häufig wurde diesen Frauen von ihrem Partner mehr oder weniger direkt vermittelt, dass er sie körperlich nicht mehr attraktiv genug findet. Manche Frauen kennen womöglich auch die Sexualpartnerin ihres Mannes und empfinden sich selbst als unattraktiv, weil der Partner der Anderen ja den Vorzug gibt. Es gibt Frauen, die anfangen, übermäßig zu essen, zu trinken und zu rauchen. Einige nehmen Tabletten oder greifen auf andere Mittel zurück, mit denen sie sich betäuben können. Viele Frauen werden zumindest phasenweise so sehr von ihrem Kummer eingenommen, dass sie sich von der Außenwelt isolieren, sich kaum mehr auf ihre Arbeit konzentrieren können oder nicht mehr in der Lage sind, sich so liebevoll um ihre Kinder zu kümmern, wie sie es normalerweise tun.

Fast alle betrogenen Frauen werden irgendwann von Gefühlen überrannt, die sie hilflos machen: Sie fühlen sich bloßgestellt, wertlos, hässlich, dumm, unselbständig und allein gelassen.

Besonders getroffen sind jene Frauen, deren Partner ihnen offen sagt: ‹Du reizt mich eben nicht mehr.› Alle anderen möchten glauben, was ihnen ihr Casanova jetzt vermittelt: dass sein Fremdgehen nichts mit seinen Gefühlen für sie zu tun habe, dass seine Affäre doch nur ein Zwischenspiel gewesen sei, eine Laune, eine Lust. Dennoch fühlen Casanovas Partnerinnen ihr persönliches Wertesystem in drei wesentlichen Punkten angegriffen.

1. *Das verratene Geheimnis*
Betrogene Frauen sind um die Intimität ihrer Partnerschaft gebracht worden. Sie erfahren: Das, was sie für einzigartig, für ganz besonders und unteilbar hielten, nämlich Sex als Ausdruck von Liebe, ist für ihren Partner auch mit einer anderen lebbar. Das gilt für den One-Night-Stand genauso wie für die handfeste Affäre. Es spielt auch keine Rolle, ob sie die Gefühle, die sie nun empfinden, schon kennen. Sie fühlen sich – wieder einmal – zutiefst verletzt. Wieder einmal ist etwas, das als gemeinsam behüteter Schatz empfunden wurde, mit jemand anderem geteilt worden.
2. *Der drohende Verlust*
Frauen, deren Partner fremdgehen, spüren, dass sie ersetzbar sind. Durch seinen Ausbruch führt der Casanova ihnen vor Augen, wie unsicher und vergänglich ihre Beziehung ist. Natürlich wissen Casanovas Partnerinnen das ohnehin. Aber sie verdrängen dieses Wissen im alltäglichen Leben. Immer wieder bauen sie sich eine ganz eigene Realität, die sie durchs Leben trägt: ‹Er und ich gehören zusammen, wir stützen und begleiten uns.›

Diese Illusion von Vertrauen und Sicherheit wird mit jedem Betrug erneut zerstört.
3. *Die zurückgewiesene Hingabe*
Ganz gleich, ob der Casanova vor, während oder nach der Affäre Sex mit seiner festen Partnerin hatte, sie spürt dennoch: ‹Es hat nicht gereicht. Ich habe nicht gereicht.› Was Casanovas Partnerin ihm an Weiblichkeit, an Hingabe zu bieten hat, hat er verschmäht. Was er an Männlichkeit zu geben hat, hat er einer anderen geschenkt.

Warum Casanovas Partnerin so verwundbar ist

Wer sich gekränkt fühlt, ist kritisiert oder abgelehnt worden. Im besten Fall fühlt sich eine Frau, die gekränkt wurde, vorübergehend unsicher. Meistens aber wird sie tief in ihrem Selbstwertgefühl getroffen sein. Sie zweifelt an sich selbst, fühlt sich minderwertig und hat das Gefühl, versagt zu haben.

Wer sich gekränkt fühlt, hat oft vorher etwas erwartet. Natürlich ist es normal, verletzt zu sein, wenn man kritisiert oder abgelehnt wurde. Wer aber zudem vorher große Erwartungen aufgebaut hatte, dem wird die Kränkung noch viel intensiver zusetzen. Die Partnerinnen der Casanovas sind auch deshalb so tief getroffen, weil sie so große Liebessehnsüchte und -erwartungen haben.

Die verletzte Weiblichkeit

Die Partnerin des Casanovas ist gekränkt, weil sie sich in ihrer Weiblichkeit und ihrer Sexualität nicht angenommen fühlt. Für viele Frauen, die unerfüllte Liebessehnsüchte haben, spielt die Sexualität mit ihrem Partner eine große Rolle.

Das ist nicht allzu verwunderlich, denn Frauen lernen früh: ‹Ich werde begehrt, also bin ich.› Sich sexuell hinzugeben kann letztendlich sogar ein Gefühl von Macht verleihen. Es ist zwar keine wirkliche Macht, aber immerhin ein kleiner Ersatz, denn eine Frau, die begehrt wird und sich hingibt, ist schließlich Teil des Spiels. Auch sie setzt etwas in Bewegung, beeinflusst etwas, entscheidet.

Viel wesentlicher ist jedoch, dass sich Casanovas Frauen in seinen Armen zumindest kurzfristig ganz angenommen fühlen. Sie haben damit die Chance, all das, was Sex und Lust im besten Fall sein können, jetzt zu leben: Erfüllung und Verschmelzung. Sex ist für sie die

Möglichkeit, sich dem Partner hinzugeben und in dieser Hingabe angenommen zu werden. Und ob es eine Illusion ist oder nicht: Auch der Partner scheint sich hinzugeben, Nähe zuzulassen, sich zu öffnen.

Beim Sex sind Casanovas Frauen ihrem Partner im wahrsten Sinne des Wortes nah – so nah, wie sie ihm sonst kaum jemals sein können. Für kurze Zeit dürfen die vielen unerfüllten Phantasien gelebt werden: ‹Ich allein bin die Frau, die er begehrt, die sich ihm hingeben darf. Mir allein gibt er sich hin. Endlich gehören wir zusammen. Endlich ist alles gut.›

Frauen, deren Männer immer wieder fremdgehen, empfinden diese Gefühle meist sehr viel intensiver als Frauen mit treuen Partnern. Sex als Beweis dafür, gut genug zu sein, haben Casanovas Frauen auch deshalb so nötig, weil ihnen dieser Beweis ja immer wieder entzogen wird.

Wer regelmäßig erlebt, nicht zu genügen, empfindet sich bald als defizitär. Nicht nur das sexuelle Selbstwertgefühl leidet, sondern es stellt sich bald die grundsätzliche Frage: ‹Bin ich es überhaupt wert, dass er mir treu ist?›

Die eigene Geschichte

Die Partnerinnen der Casanovas werden in ihren besonderen Beziehungen oftmals mit alten Verletzungen konfrontiert. Häufig sind es Ängste, die sie aus der Kindheit in ihr Erwachsenenleben hineingetragen haben: etwa nicht für liebenswert genug gehalten, abgelehnt oder verlassen zu werden.

Jeder Mensch erlebt in seiner Kindheit irgendwann einmal das Gefühl, zurückgewiesen zu werden, und versucht im Laufe der Zeit, diese Kränkung aufzuarbeiten. Die Frauen der Casanovas empfinden diese Kränkungen besonders tief. Vielleicht sind sie als Kinder nur dann wirklich geliebt worden, wenn sie sich besonders brav oder angepasst verhalten haben. Vielleicht standen sie unter dem Druck, ein besonders kluges oder erfolgreiches Mädchen sein zu müssen.

Viele Frauen, die bei fremdgehenden Männern bleiben, haben die Liebe ihres Vaters vermisst oder vermissen sie noch. Sie haben diesen ersten Mann in ihrem Leben als distanziert oder abweisend erlebt. Für das kleine Mädchen und die heranwachsende Frau bleibt der Vater natürlich dennoch Objekt ihrer Liebe. Er mag sich ihr noch so wenig zuwenden – sie wird dennoch seine Nähe suchen und ihm beweisen wollen, dass sie ein ‹liebes› Mädchen ist, das seine Liebe verdient. Frauen, deren Väter nicht nur distanziert, sondern auch besonders autoritär waren, werden sich oft gegen sie aufgelehnt haben. Auch das ist eine Bitte nach Nähe und Zuwendung: ‹Akzeptiere mich doch endlich so, wie ich bin!›

In jedem Fall wird die Tochter eines abweisenden Vaters irgendwann zu der Überzeugung gelangen, dass sie einfach so, wie sie ist, nicht hundertprozentig liebenswert ist. Diese ersten Erfahrungen männlicher Reaktionen auf die eigene Person prägen sich ein. Ungeliebte Töchter meinen, wenn auch unbewusst, dass alle Männer etwas Abweisendes an sich haben und sie deswegen darum kämpfen müssen, diese Distanz zu durchbrechen.

Casanovas Frauen haben sich ihre Überzeugung, nicht liebenswert genug zu sein, im Laufe ihres Lebens immer wieder bestätigen lassen. Wer sich seine Anerkennung in erster Linie vom Partner holen will, wer sich als wertvoll hauptsächlich dann empfindet, wenn die Beziehung harmonisch ist, wird zwangsläufig scheitern. Jede gescheiterte Partnerschaft ist dann ein weiterer Beweis dafür, nicht liebenswert, nicht perfekt, nicht gut genug zu sein.

Frauen, die sich unbewusst an alten Wunden abarbeiten, halten oftmals beharrlich an ihrem negativen Selbstbild fest. Sie vergegenwärtigen sich immer wieder Situationen, in denen sie gescheitert sind. Sie überlegen intensiv, wie sie sich anders hätten verhalten können, damit die Ereignisse besser verlaufen wären. Anstatt mit sich und den eigenen Fehlern gnädig zu sein, wird immer wieder der Beweis für die eigene Unfähigkeit gesucht.

Weil sie sich selber als mangelhaft empfinden, gehen sie zudem sehr häufig davon aus, dass dies auch alle anderen tun. So können sie sich auch schon von einer harmlosen Nachfrage (‹Meinst du wirklich?›) verletzt und infrage gestellt fühlen. Aus diesem Teufelskreis herauszukommen ist besonders schwer, wenn diese Frauen auch noch von sich erwarten, perfekt zu sein – wenn sie unter Misserfolgen bedeutend mehr leiden, als dass sie sich über ihre Erfolge freuen können. Der Druck, perfekt zu sein, führt dazu, dass sie sich wertlos fühlen, wenn sie die selbst gestellten Anforderungen nicht erfüllen können.

Frauen, die besonders intensiv mit solchen Verhaltensmustern zu kämpfen haben, wählen oftmals einen Casanova als Partner, weil er sie unterstützt – in ihren negativen Gefühlen gegen sich selbst. Der Casanova gibt ihnen die Chance, immer wieder um die Frage zu kreisen: ‹Bin ich überhaupt wertvoll genug, um geliebt zu werden und einen Mann an mich binden zu dürfen?› Der Casanova löst mit seinen Affären vordergründig wilde Empörung und heftigen Schmerz aus. Dahinter verbergen sich noch andere große Gefühle. Gefühle, die Casanovas Partnerin noch aus der Kindheit kennt und die sie als erwachsene Frau eigentlich nicht mehr spüren möchte:

Ohnmacht, weil sie der Situation so hilflos ausgeliefert zu sein scheint. Angst vor dem Verlassenwerden und vor allem auch Scham. Wer sich schämt, fühlt sich herabgewürdigt und gedemütigt, wertet sich selber aktiv ab, empfindet sich als schlecht und minderwertig.

Casanovas Frauen haben immer wieder das Gefühl, nicht gut genug gewesen zu sein. Sie meinen deshalb, sie seien schuld, dass die Beziehung nicht richtig funktioniert. Irgendetwas müssen sie doch falsch gemacht oder zu viel verlangt haben – denn sonst würde sich ihre Beziehung doch harmonisieren lassen! Viele verletzte Frauen gehen sogar noch einen Schritt weiter. Sie schämen sich für ihre Scham. Verständlich, denn emotionale Stärke und Selbstbewusstsein sind gesellschaftliche Werte, die eine verletzte Frau nicht erfüllt: Sie unterliegt ja ihren Gefühlen und reagiert nicht mehr kontrolliert.

Selbstzweifel

Egal, wie erfolgreich, beliebt und anerkannt sie im Job, in der Fami lie oder bei Freunden sind – viele Frauen, die mit Casanovas zusammen sind, zweifeln an sich selbst, weil sie oftmals besonders hohe Anforderungen an sich stellen.

Der Grundstein für diese Gefühle wurde häufig in der Kindheit gelegt: Schon kleine Mädchen fühlen sich verantwortlich für das Wohlbefinden ihrer Eltern und die Stimmung in der Familie. Im Gegensatz zu Jungen, die sich von der Mutter irgendwann abgrenzen müssen, tun viele Mädchen das nicht. Sie übernehmen vielmehr das mütterliche, fürsorgliche Verhalten. Dazu gehört ganz wesentlich, sich intensiv auf die Gefühle der anderen zu konzentrieren. Die eigenen Bedürfnisse werden dabei oft aus den Augen verloren. Mädchen meinen, wenn sie sich immer richtig verhalten würden, müsste es doch allen gut gehen. Bereits in der noch kindlichen Wahrnehmung besteht für sie also ein Zusammenhang zwischen guten zwischenmenschlichen Beziehungen und Selbstachtung.

Zum weiblichen Kodex, den Mädchen erlernen, kommen im Laufe des Erwachsenenlebens immer mehr Anforderungen hinzu: Zum einen werden Leistungen im Berufsleben nach männlichen Normen bemessen. Frauen sollen sich selbst behaupten, konkurrenzbewusst denken und gewinnen wollen. Auf der anderen Seite gibt es für den Privatbereich zahlreiche ungeschriebene Regeln, die als moralische Verpflichtungen empfunden werden: Frauen meinen, für die Bedürfnisse anderer da sein zu müssen, sie glauben, verständnisvoll und sensibel sein zu müssen, und fühlen sich für die Beziehungsarbeit zuständig. Sie meinen, alles schaffen zu müssen und dabei nicht klagen zu dürfen. Zudem ist es natürlich wichtig für sie, attraktiv zu sein, sich also auch äußerlich nicht gehen zu lassen.

Die Anforderungen an Frauen sind widersprüchlich und machen es vielen schwer, sich ‹richtig› zu verhalten. All diese Ansprüche sind in der Realität weder emotional noch organisatorisch zu bewältigen. Etliche Frauen haben ein schwaches Selbstbewusstsein, weil die zahlreichen Anforderungen es ihnen fast unmöglich machen, rundherum erfolgreich und mit sich zufrieden zu sein.

Frauen fällt es generell schwer, das, was sie leisten, auch dementsprechend einzuordnen und anzuerkennen. Ihr Selbstwertgefühl ist nicht zwangsläufig groß, selbst wenn sie beruflich erfolgreich sind, gut aussehen, viele Freunde haben und dabei vielleicht noch ein Kind erziehen. Irgendwo werden sich immer Mängel finden lassen. Viele noch so moderne emanzipierte Frauen merken, dass sie die gesellschaftlichen Anforderungen nicht erfüllen können, und ziehen sich deshalb innerlich auf ein traditionelles Frauenbild zurück. Sie versuchen wenigstens in der Beziehung die perfekte Frau zu sein: fürsorglich, selbstlos und emotional kompetent. Dafür wollen sie die Anerkennung ihres Partners bekommen. Aber auch hier ist ein Fallstrick gespannt: Wer in der Partnerschaft erleben muss, dass er die selbst gestellten Anforderungen nicht erfüllen kann, ist oft extrem verletzbar, leicht zu beschämen und zu kränken.

Casanovas Partnerinnen verwenden häufig viel Energie darauf, um erfolgreich, souverän und selbstsicher zu sein oder zumindest so zu wirken. Auf der anderen Seite fürchten sie sich stark davor, kritisiert und abgelehnt zu werden. Tief im Inneren fühlen sie, dass sie schließlich auch zu Recht abgewiesen werden: Denn sie sind ja nicht wirklich perfekt, unabhängig und stark. Schließlich powern sie nicht jederzeit, erfüllen nicht stets alle Erwartungen, sind nicht in jeder Hinsicht etwas ganz Besonderes. Sie sind eben ‹nur› ganz normale Frauen. Das aber reicht ihnen nicht, um an die eigenen Fähigkeiten und Kräfte glauben zu können.

Mit dem Casanova und seiner Partnerin treffen zwei Selbstzweifler aufeinander. Nicht nur der Casanova ist zutiefst verunsichert, weil die Bewunderung und Anerkennung, die er so sehr braucht, oft ausbleibt und nie ausreichend ist. Genau diese psychologische Struktur weisen auch sehr viele von Casanovas festen Partnerinnen auf.

Das Bedürfnis, anerkannt und akzeptiert zu werden, ist normal. Jeder Mensch braucht Bestätigung und das Gefühl, bedeutungsvoll zu sein – nur so kann sich ein gutes, starkes Selbstbewusstsein entwickeln und halten.

Problematisch wird dieses Bedürfnis aber dann, wenn damit grundlegende Selbstzweifel ausgeräumt werden sollen. Wenn der Partner und die Liebe, die er geben kann, zuständig gemacht werden für das eigene positive Lebensgefühl. So viel Leistung kann kein Partner erbringen.

Verlust der Gefühle

Ebenso wie der Casanova wünschen sich seine Partnerinnen oftmals, in der Beziehung mit dem anderen zu verschmelzen, von ihm bewundert zu werden und sich in ihm spiegeln zu können. Sowohl der Casanova als auch seine feste Partnerin fürchten dabei, in all ihrer Unzulänglichkeit und ihren Schwächen erkannt zu werden. Der Casanova wählt den Weg der Flucht. Um sich nicht öffnen zu müssen, kämpft er panisch um seine Autonomie. Seine Partnerin geht einen anderen Weg. Sie verbirgt ihre Schwäche, indem sie sich anpasst. Sie will perfekt sein. Sie will dem Casanova beweisen, dass sie nicht minderwertig, sondern es wert ist, geliebt zu werden. Sie versucht, sich zu beweisen, um ihrem Partner ganz nah sein zu dürfen.

Für die Erfüllung ihrer Wünsche hat Casanovas Partnerin sich einen Mann ausgesucht, der ihr immer wieder das Gefühl vermittelt, abgelehnt und verlassen zu werden. Sie hat sich einen Mann auserkoren, der ihr eine unsichere Beziehung und ein unruhiges Gefühlsleben garantiert. Mit ihm kann sie die bekannten Verhaltensmuster aus ihrer Kindheit wiederholen und um Liebe und Anerkennung ringen.

Wer sich schwach fühlt, fühlt sich nicht besonders wohl und traut oft seinen eigenen Gefühlen nicht. Denn wie können die etwas wert sein, wenn man selber doch so unzulänglich ist?

Viele Frauen kennen das: Wenn ihr Partner fremdgeht, fragen sie sich, ob sie überhaupt verletzt sein dürfen. Sie mögen fühlen, dass sie verletzt sind, aber sie sind sich dessen nicht wirklich sicher. Oder besser: Sie sind sich nicht sicher, ob sie dieses Gefühl haben dürfen. Sie fühlen, dass sie ihre eigenen Grenzen eigentlich schon allzu oft überschritten haben; dass sie womöglich schon jahrelang unglücklich sind – und fragen sich gleichzeitig: ‹Wenn es mir wirklich schlecht gehen würde, würde ich es doch nicht mehr aushalten, oder?›

Casanovas Frauen, egal wie fest sie sonst im Leben stehen, wissen in der Beziehung aus lauter Unsicherheit oft nicht, was sie von ihrem Partner erwarten dürfen: Es könnte ja zu viel sein. Sie befürchten, vielleicht maßlose Ansprüche zu haben. Und je konsequenter und öfter der Casanova fremdgeht, je heftiger er – in Diskussionen, im Streit oder indem er die Ängste seiner Partnerin durch Schweigen ignoriert – seine Ansprüche verteidigt, desto mehr zweifelt seine Partnerin an sich selbst, an ihrer Wahrnehmung der Dinge. Kommt sie vielleicht nur deshalb nicht mit ihrem Partner klar, weil sie zu viele Phantasien mit sich herumträgt? Phantasien von Treue und Geborgenheit, die verhindern, mit der Realität zurechtzukommen? Casanovas Frauen zweifeln und schwanken: Ist es legitim, Ansprüche zu stellen? Oder ist es nicht viel besser, sich freizumachen von bestimmten Erwartungen an den Partner? Sich freizumachen vom Anspruch an zuverlässige Treue ist natürlich etwas ungemein Positives – wenn es bewusst geschieht und mit dem Vertrauen in die eigenen Gefühle. Tatsächlich aber fühlen Casanovas Partnerinnen sich sehr unsicher: ‹Wenn ich ihn jetzt so sein lasse, wie er nun eben mal ist, passe ich mich ihm dann zu sehr an? Oder gebe ich einfach meine unrealistischen Erwartungen an ihn auf?›

Genau wie der Casanova haben auch seine Partnerinnen Angst, sich zu zeigen und ihrem Partner all ihre Sehnsüchte und Unsicherheiten zu offenbaren. Denn wer sich öffnet, riskiert, gekränkt zu werden. Frauen, die sich ihrer selbst und ihrer Gefühle unsicher sind, haben davor mehr Angst als andere. Sie fürchten, sich selbst zu verlieren, wenn der andere sie nicht bestätigt.

Paradoxerweise gestehen sich Frauen, die stark mit ihrem Selbstwertgefühl zu kämpfen haben, häufig gar nicht ein, etwas gewünscht zu haben. Oft wehren sie ‹schwache› Wünsche wie die nach sexueller Treue oder mehr Einfühlung und Nähe ab. An der Seite eines Casanovas, mit all seiner Angst vor Nähe, gestatten sich viele Frauen auch legitime Wünsche nicht mehr: getröstet zu werden, wenn man sich schwach fühlt, oder bestätigt zu bekommen, dass man nicht allein ist, oder umsorgt zu werden, wenn man gerade nicht weiterweiß.

Die Partnerinnen der Casanovas wagen oftmals nicht, solche Bedürfnisse auszusprechen. Sie befürchten, der Casanova würde sie falsch verstehen, sich unter Druck gesetzt fühlen und glauben, er solle immer für sie da sein, immer treu sein, sie immer umsorgen. Oftmals ist es tatsächlich so, dass der Casanova in Panik gerät, wenn er seiner Partnerin Energie und Trost spenden soll. Denn ihre Wünsche wecken in ihm das Gefühl, er habe bislang nicht genug getan, er sei unzulänglich – denn sonst würde seine Partnerin sich jetzt nicht so fühlen und Forderungen stellen. Sich unzulänglich zu fühlen ist ja genau das zentrale Problem des Casanovas.

Die Frauen fremdgehender Männer versuchen immer wieder, sich ihrem Partner und seinen Vorgaben anzupassen. Sosehr sie sich aber bemühen, ihre eigenen Wünsche zu unterdrücken, hoffen sie dennoch insgeheim sehnsüchtig, dass sie erfüllt werden. Wenn ihre Wünsche nach Nähe und Treue dann erneut zurückgewiesen werden, sind Casanovas Frauen tief getroffen. Sie fühlen nicht einfach nur ihren Wunsch zurückgewiesen und kritisiert, sondern ihre ganze Persönlichkeit. Wer sich so vehement treffen lässt, fühlt sich anschließend nur noch schwächer und verlorener.

Wie Casanovas Partnerin kämpft

Wut

Um nicht völlig unterzugehen, greifen die Frauen der Casanovas zu einem Rettungsanker, der nur für sehr kurze Zeit Halt bietet – nämlich die Wut auf den Partner: ‹Wenn du mich nicht magst, wenn du mir nicht geben kannst, was ich brauche, dann will ich lieber gar nichts mehr von dir!›

Mit ihrem heftigen Zorn können viele Frauen fremdgehender Männer nur schwer umgehen. Sie sprechen über verletzte Gefühle und meinen eigentlich Ärger und Wut. Sie verdrängen ihre Trauer über verlorene Illusionen und verbieten sich ihren legitimen Protest oft allzu lange. Bis er schließlich mit aller Macht in aggressiven Vorwürfen und ‹hysterischen› Anfällen aus ihnen herausbricht.

Die meisten Menschen reagieren gleich, wenn ihre Erwartungen nicht erfüllt werden und sie verletzt werden: Kränkung, Scham und

Angst werden abgewehrt, indem man wütend wird. Wut ist ein Mittel, um Schmerz und Angst auszudrücken und sie gleichzeitig durch heftige Emotionen zu verdecken.

Viele Frauen unterdrücken ihre Wut sehr lange, weil sie ihr Selbstbild bedroht. Eine Frau, die sich dafür zuständig fühlt, dass ihre Beziehung gut läuft, meint, im Moment der Wut zu versagen. Denn sie sorgt schließlich nicht mehr für Harmonie, sie äußert negative Gefühle. Sie und ihr Partner gehören nicht mehr zusammen. Wer wütend ist, steht zornig und autonom da und trennt sich zumindest für die Zeit des Wutanfalls von seinem Gegenüber. Das macht vielen Frauen Angst, und deshalb leben sie ihre Wut nicht konsequent aus. Stattdessen greifen sie an und versuchen gleichzeitig ihr Verhalten zu erklären, sie machen Vorwürfe und entschuldigen sich, sie sind zornig und weinen über ihren Zorn.

In der Wut von Casanovas Frauen spiegelt sich vieles: Der Zorn auf den Partner, der Gefühle verletzt und nicht geben kann, was er geben soll. Die Angst vor dem eigenen Zorn, der die Beziehung bedrohen und den Casanova noch weiter forttreiben könnte. Die Trauer über die gestörte Beziehung. Und der Kummer, sich wieder einmal nicht verständlich machen zu können.

Trennung

Weil die Frauen der Casanovas sich so sehr nach Harmonie und Zusammengehörigkeit sehnen, reagieren sie oft extrem heftig auf die Affären ihres Partners: Er hat sie zurückgewiesen und abgelehnt. Nun scheint alles zerstört, was die Beziehung ausmachte. Die Kränkung ruft alte Ängste hervor, verlassen zu werden, und dominiert alle Gefühle.

Gerade jene Frauen, die ihre Emotionen immer wieder verdrängt haben, brechen die Beziehung zum Casanova nach einer seiner Affären kurzfristig ab. Manchmal nur in Gedanken, manchmal ganz real. Sie wollen nicht noch einmal verletzt werden, wollen nicht mehr ohnmächtig sein. Sie wollen sich und ihm beweisen: ‹Ich bin nicht verletzt! Ich bin nicht abhängig von dir!› Solch eine panikartige Trennung aus Wut und Schmerz heraus ist etwas anderes als der bewusste Entschluss: ‹Ich ziehe die Konsequenzen. Ich bin so sehr verletzt, dass ich seine Affären nicht mehr akzeptieren möchte.› Natürlich ist es sinnvoll, jemanden zu verlassen, wenn er nicht bereit ist, gemeinsam an der Beziehung zu arbeiten. Es ist auch sinnvoll zu gehen, wenn man bereits ausgiebig gemeinsam um ein besseres Verständnis gerungen hat und dennoch gescheitert ist. Viele der Frauen, die mit Casanovas zusammen sind, tun jedoch weder das eine noch das andere. Sie bleiben in der Beziehung und schwanken zwischen Trennung und Hingabe, zwischen allem oder nichts.

Den Zustand der Trennung halten Frauen, die mit einem Casanova leben, meist nicht lange aus. Nach einem heftigen Streit und einer vorübergehenden oder scheinbar endgültigen Trennung fühlt Casanovas Partnerin sich bald unendlich allein. Die Beziehung zu einem fremdgehenden Mann ist für die meisten Frauen mit derart vielen Sehnsüchten und Bedürfnissen aufgeladen, dass sie sich nicht zu trennen vermögen. Selbst wenn der Casanova enttarnt ist, selbst wenn er nicht mehr als Prinz idealisiert werden kann, wünscht sich seine Partnerin, ihn wieder idealisieren zu können – und möchte selbst auch wieder die ideale Partnerin sein, die sie glaubt sein zu können. Solange sie von ihrem Casanova nicht die Liebe, Anerkennung und Verbindlichkeit bekommt, nach der sie sich so sehnt, so lange wird sie bei ihm bleiben und um all das kämpfen.

Immer wieder beginnt Casanovas Partnerin das Spiel aufs Neue und wechselt zwischen folgenden Haltungen: Ich liebe dich! Ich werde dich verlassen! Ich kann dir helfen! Ich hasse dich, weil du mir nicht gibst, was ich brauche! Ich will nichts von dir verlangen! Ich will alles mit dir! Ich will zu viel, das geht nicht! Ich bin stark, ich passe zu dir, hab keine Angst vor mir!

Rache

Rache ist der Wunsch nach Gerechtigkeit. Und um die streiten Casanovas Frauen heftig mit ihrem Partner. Vordergründig geht es dabei oft gar nicht um seine Affären. Manche Frauen kämpfen wie Löwinnen darum, bei allem und jedem Recht zu behalten, selbst wenn es nur um den Abwasch geht. In vielen dieser Streitereien leben Casanovas Frauen ihre Rachegefühle aus. Rache ist ein Gefühl, das entsteht, wenn es vorher einen Verlust gab: Die Ehre ist verloren gegangen, das Selbstwertgefühl, die Liebe. Wer sich rächt, will dafür Genugtuung und Vergeltung.

Casanovas Frauen kämpfen um Gerechtigkeit. Die Rechnung ist simpel: Die Partnerin eines fremdgehenden Mannes hat das Gefühl, ungemein viele Emotionen und Energien in ihre Beziehung zu investieren. Sie weiß auch, dass sie ihren Einsatz nicht gerecht zurückbekommt. Die Balance zwischen ihr und dem Casanova stimmt nicht. Scheinbar kann sie ihrem Partner immer wieder verzeihen, aber dennoch leidet sie unter der Kränkung und dem Ehrverlust. Viele dieser Frauen bemühen sich, ihre Wut und ihren Schmerz zu unterdrücken, bis der Wunsch nach Vergeltung und Genugtuung aufs Neue übermächtig wird.

Das Bedürfnis, den Casanova zu verletzen, zieht häufig Scheingefechte nach sich. Der Partner wird angegriffen, und ihm wird Schuld zugewiesen – für was, ist relativ egal: für seine Faulheit, seine Unzuverlässigkeit, seinen Perfektionismus, seine Arbeitswut. Casanovas Partnerin kämpft gegen seine Eigenschaften, weil sie dem, was sie wirklich stört – seiner Untreue –, nichts entgegenzusetzen hat.

Allzu oft kämpft und streitet Casanovas Partnerin eigentlich nicht gegen ihn, sondern gegen sich selbst – gegen ihre widerstrebenden Gefühle. So wie ihr Partner ist, will sie ihn nicht, und doch entschuldigt sie ihn ja immer wieder. Sie kämpft gegen alle Bilder, die sie sich gemacht hat, gegen alle Enttäuschungen, gegen ihre Rachegefühle, gegen das permanente Durcheinander ihrer Emotionen. Sie kämpft gegen alles, wofür sie ihn verantwortlich macht.

Warum Frauen Casanovas lieben

Ein Partner, der immer wieder fremdgeht und danach jedes Mal zurückkehrt, gibt auch immer wieder Bestätigung. Und entzieht diese Bestätigung dann wieder. Allein das würde schon ausreichen, um zu erklären, warum Frauen bei untreuen Männern bleiben. Wer immer zwischen Glücksgefühlen und Verzweiflung hin- und hertaumelt, jagt stets der Erfüllung seiner Sehnsüchte hinterher und erlebt mehr.

All die Sehnsüchte und die Wutanfälle, der Streit und Kampf, die Brachialität, die Versöhnungen, all die Dramatik und Intensität ... es sind viele emotionale Anteile, die in so einer besonderen Beziehung verwirklicht werden können. Es mag Frauen geben, die ein solches Liebesleben letztendlich stabiler macht und mehr befriedigt, als wenn sie in Harmonie leben würden.

Casanovas Partnerinnen fühlen sich aber nicht stabil. Sie werden von ihren Ängsten, Selbstzweifeln und Sehnsüchten qualvoll hin- und hergetrieben. Deshalb ist es wichtig für sie, herauszufinden, warum der Casanova so reizvoll für sie ist und warum und wie sie an seiner Seite reagieren und agieren. Wer das erkennt, braucht sich nicht mehr hilflos zu fühlen und kann wieder selbstbestimmt handeln. Er braucht sein Leben nicht mehr lenken lassen, sondern kann es selber steuern.

Es gibt kein psychologisches Grundmuster, nach dem Frauen, die Casanovas lieben, funktionieren. Aber es gibt eine Menge ähnlicher Mechanismen, die wirken, wenn Frauen an der Seite eines Mannes ausharren, von dem sie wissen, dass er ihnen nicht treu sein kann oder will.

Die mit dem Tiger reitet

Beginnen wir ganz am Anfang: Casanovas sind überzeugende Verführer. Jede Frau, die einmal einem Casanova erlegen ist, weiß, was für einen unglaublichen Reiz diese Männer anfangs ausüben. Der Casanova weiß, was er will, und erobert mit Hingabe. Um sein Ziel zu erreichen, umwirbt er Frauen leidenschaftlich und romantisch, genau auf jene Weise, die viele Frauen gerne mit echter Liebe verwechseln. In der Anfangsphase erkennt Casanovas Frau in ihrem Partner ein scheinbar perfektes Gegenstück. Genauso wie sie scheint auch er sich nach ganz viel Nähe zu sehnen – und tut es ja tatsächlich, auch wenn er später immer wieder vor ihr fliehen wird. Er scheint ebenfalls nichts anderes zu wollen, als miteinander zu verschmelzen und die große Liebe zu leben. Die anfängliche Leidenschaft des Casanovas beschwört sämtliche Bilder von rettenden Prinzen und stürmischen Liebhabern herauf, die Frauen aus Märchen oder Filmen kennen. Natürlich ist es nicht einfach, sich diesem Sog zu entziehen. Sich der Leidenschaft hinzugeben, den Kopf auszuschalten und sich erobern zu lassen ist etwas sehr Befreiendes. Mit einem Mal treten die Ängste und Verletzungen aus der Kindheit zurück, und die anstrengenden Zwänge des Alltags scheinen überwunden. Zumindest für kurze Zeit ist das ein paradiesischer Zustand.

Was das ‹Opfer› des Casanovas anfangs nicht weiß: Ihr Partner braucht viele Frauen, um sich sein Paradies immer wieder zu erschaffen.

Viele Casanovas besitzen nicht nur eine ungewöhnlich intensive Ausstrahlung, sondern beweisen sich auch noch als besonders gute und phantasievolle Liebhaber. Für den Casanova ist Sex jene Form von

Kommunikation, die er am perfektesten verstehen und am einfachsten leben kann. Viele Frauen – und zuallererst jene, die anfällig für Casanovas sind – nehmen Sex als Beweis von Liebe oder zumindest Nähe. Hier werden sie verwöhnt und dürfen sich sicher und geborgen fühlen.

Nicht nur im Bett vermittelt der Casanova anfangs Intimität, sondern oftmals auch durch sein Verhalten, durch das, was er von sich preisgibt. Frauen, die für Casanovas anfällig sind, lassen sich schnell und intensiv ein auf seine Ängste, Hoffnungen, Ziele. Ihre Sehnsucht nach leidenschaftlicher, mitfühlender Liebe, nach Sicherheit, Geborgenheit und Anerkennung lässt sie oft allzu schnell jede Distanz aufgeben. Tatsächlich idealisiert der Casanova seine Partnerin kurzzeitig – kalkuliert oder unbewusst, um sein Ziel zu erreichen oder weil er es tatsächlich so meint. Immer aber wirkt der Casanova überzeugend in seiner Leidenschaftlichkeit. Da er weiß, dass seine Gefühle nicht wirklich authentisch sind, bemüht er sich umso mehr, ‹echt› zu erscheinen. Weil er zu seinen wahren Bedürfnissen und Emotionen kaum Kontakt hat, zeigt der Casanova übersteigerte Gefühle. Er vertraut nicht darauf, dass er auch ‹pur› sein Gegenüber von sich überzeugen könnte. Er handelt strategisch und kalkuliert. Auch für den Fall, dass die zu erobernde Frau zweifeln sollte, hat er Gefühle parat, die überzeugend wirken. In jedem Fall strengt er sich an, weil er einen Spiegel sucht, in dem er sehen kann, was für ein begehrenswerter, liebenswerter Mann er ist. Mit Sicherheit bemüht er sich auch deshalb, weil er tatsächlich eine große Sehnsucht nach Liebe in sich trägt.

Nur: Sobald seine neue Eroberung intensiver reagiert als gewünscht, sobald sie Fehler macht, kritisch wird oder eigene Wünsche äußert, fühlt der Casanova sich bedrängt und enttäuscht. Der Stern erlischt, und Casanovas Partnerin fällt tief. Sie mag noch lange nach einer Erklärung dafür suchen, warum sie nicht mehr hingebungsvoll verehrt wird. Dabei *musste* sie den Casanova enttäuschen – so wie jede andere Frau es auch tun würde, weil sie eben eine ganz normale Frau ist und die Beziehung den üblichen Konflikten unterliegt.

Viele Casanovas faszinieren ihre Partnerin so sehr, weil sie sich den Zwängen des Alltags nicht zu unterwerfen scheinen. Sie scheinen keine angepassten, bequemen Sofakatzen zu sein, sondern wilde, ungebändigte Tiger – oder zumindest herumtollende Straßenkater. Dass so ein ungezähmter Mann sich auf sie einlässt, fasziniert und schmeichelt vielen Frauen, besondere solchen, die fest im Leben stehen und ihre Pflichten erfüllen.

Auch Frauen, die mit ihrem Leben nicht zufrieden sind, die es eher als eintönig empfinden, gibt der Casanova jenen Kick, den sie selber nicht leben können. Der Casanova dient als Ersatz für ein authentisches eigenes (Gefühls-)Leben. Ein untreuer Mann bietet Aufregung, Leid und emotionale Erfüllung, wenn auch auf negative Weise. Den Partner immer wieder anderen Frauen entreißen zu müssen, ihn immer wieder fast zu verlieren kann zeitweise auch erregend sein. In jedem Fall ist es aufregend.

Ob sie nun fest im Leben stehen, gelangweilt sind oder sich aber nach ihrer verloren gegangenen wilden Jugend zurücksehnen – der Casanova fasziniert all jene Frauen, die aus ihrem Leben gerne ausbrechen würden. Er beeindruckt auch all jene Frauen, die – mögen sie sich noch so stark und selbstbewusst geben – ein angepasstes kleines Mädchen in sich tragen.

Der Frauenheld verhält sich nicht vernünftig, nicht brav, nicht angepasst. Er benimmt sich nicht wirklich erwachsen, nicht den Normen entsprechend. Er tut, was er will, und holt sich seinen Spaß, wann immer er mag. Letztendlich verhält er sich verantwortungslos. Selbst wenn Casanovas Partnerin sein Verhalten moralisch verurteilt und unter seinen Affären leidet, ist sie dennoch davon gebannt, dass er so lebt, wie sie nicht leben kann. Und sie wird umso faszinierter sein, je mehr sie ihre eigenen Wünsche nach einem selbst bestimmten, freiheitlichen Leben verleugnet.

Hier liegt auch einer der Grundsteine für spätere Konflikte. Denn irgendwann wird Casanovas Partnerin, trotz aller geheimen Bewunderung für sein freiheitliches Leben, ihm Vorwürfe machen. Sie wird ihm vorwerfen, dass er so rücksichtslos alles lebt, was sie sich nicht auszuleben traut. Sie wird das Gefühl entwickeln, dass ihr Partner sich auf ihre Kosten verwirklicht.

Und natürlich wird der Casanova sich wehren, wird seiner Partnerin vorhalten, ihn einschränken und vereinnahmen zu wollen. Casanovas sind sehr überzeugend, wenn es darum geht, sich zu verteidigen und den Gegner anzugreifen. Sie sind deshalb so überzeugend, weil sie stark an das glauben müssen, was sie tun. Andernfalls müssten sie sich ja völlig infrage stellen.

Casanovas Frau reagiert auf seine Angriffe oft sehr unsicher: Sosehr sie seine Untreue auch schmerzt, er scheint sich seiner Sache so sicher zu sein, er vertritt seine Überzeugung so vehement, dass bei vielen Frauen sogar der Eindruck entsteht, ihre eigenen Ansichten seien falsch.

Die nach dem Erlöser sucht

Fast immer geht es in der Liebe auch um Erlösungswünsche. Moderne Frauen verlangen viel von sich selbst, und die Gesellschaft fordert zusätzlich noch einiges von ihnen ein. Emanzipierte, starke Frauen haben oft den Anspruch an sich, alles allein schaffen zu müssen und niemals schwach sein zu dürfen.

Frauen, die nach außen hin stark, selbständig und emanzipiert erscheinen, die ihr eigenes Geld verdienen, Freunde haben und eigene Standpunkte, können nur schwer zugeben, dass sie im Inneren auch noch ein kleines, schwaches Mädchen mit sich herumtragen: Dieses Mädchen möchte von all dem Druck erlöst werden. Es sehnt sich nach einem starken Mann, der es beschützt, der ihm Lebenshilfe bietet und all die Anerkennung schenkt, die ihm fehlt. Einen Mann, bei dem die erwachsene Frau endlich nicht mehr um Erfolg und Akzeptanz kämpfen muss. Es gibt viele Frauen, die sich mit diesem ‹schwachen Mädchen› noch nicht auseinander gesetzt haben, die nichts von ihm ahnen. Sie werden sicherlich besonders leicht zu Opfern der scheinbar so souveränen, starken Casanovas. Aber selbst jene Frauen, die ihre schwachen Seiten kennen und denen diese ‹weiblichen› Bedürfnisse peinlich sind, jene, die wissen, dass sie selber für die Erfüllung ihrer Wünsche zuständig sind, sehnen sich danach, einen Partner zu finden, der richten soll, was sie selber nicht richten können.

Das schwache Mädchen in der starken Frau existiert. Wenn die erwachsene Frau sich für einen Mann entscheidet, dann redet das Mädchen in ihr mehr als ein Wort dabei mit, und das macht die Wahl nicht einfacher. Denn zum einen sucht das Mädchen nach einem weichen, nachgiebigen und gefühlvollen Vater, der es liebt. Zum anderen trägt es bei dieser Suche aber auch das klassische Bild von einem starken, unnachgiebigen und autarken Mann in sich. Von einem Mann, wie sie ihn als Vater erlebt hat oder wie er ihr in früheren Beziehungen begegnet ist. Im Casanova findet sie ihn und kann wieder wie einst um seine Liebe ringen.

Die heftigen Kämpfe, die sich die Frauen der Casanovas mit ihren Partnern liefern, entstehen häufig unbewusst. Frauen, die mit einem Casanova zusammen sind, kämpfen gegen einen scheinbar extrem selbstbewussten, abweisenden Mann, der sie vermeintlich unterdrücken will. Sie machen sich aber nicht bewusst, dass das kleine Mädchen in ihnen sich ja gerade aus diesem Grunde diesen Mann ausgesucht hat. Den Casanova als Menschen mit normalen Stärken und Schwächen zu sehen fällt vielen Frauen auch deshalb schwer, weil sie so viele Bilder von Väterlichkeit und Männlichkeit auf ihn projizieren.

Wenn es um Erlösungswünsche geht, spielen auch romantische Vorstellungen eine Rolle: Die Sehnsucht danach, erlöst zu werden von

Konflikten und stattdessen ‹eins› zu sein mit dem Partner. Diese Sehnsucht ist nicht einfach nur ein individuelles Problem vieler Frauen. In den Köpfen der meisten Menschen existiert das Bild einer romantischen Liebe, die eine harmonische Einheit von Mann und Frau verspricht: Verschmelzung, Einigkeit, Aufgehobensein. Das Problem an dieser Vorstellung ist, dass sie Konflikte verleugnet. Sie verspricht Seligkeit und Glück, weist aber den Weg dorthin nicht auf. Und zwar deshalb nicht, weil es keinen solchen Weg gibt. Manche Frauen versuchen dennoch, ihn zu finden, und meinen, sie könnten Konflikte vermeiden und Sicherheit sowie Nähe herstellen, wenn sie sich nur intensiv genug auf ihren Partner einstellen würden.

Man kann dieses Bestreben verurteilen – viele Frauen verurteilen sich selbst dafür –, man kann es aber noch aus einem anderen Blickwinkel betrachten und es Hingabe nennen. Eine nicht unproblematische altmodische Tugend, von der sich die moderne, autonome Frau vermeintlich schon längst losgesagt hat. Für manche emanzipierte, aufgeklärte Frau gilt Hingabe als Tabu. Jedenfalls, wenn es um persönliche Beziehungen geht. Sich seiner Arbeit oder einer sozialen Aufgabe hinzugeben mag noch respektabel sein, weil es messbare Erfolge zeigt. Schon die hingebungsvolle Mutter wird dagegen skeptisch beurteilt. Gibt sie sich nicht selber auf, wenn sie sich ihren Kindern widmet und in ihrer Mutterrolle aufgeht? Die Hingabe einer Frau an einen Mann schließlich weckt ungute Assoziationen: Allzu lange ging weibliche Hingabe in unserer Gesellschaft mit Unterordnung und Selbstverleugnung einher.

Dennoch spielt sie – mehr oder weniger – für viele Frauen, die mit einem Casanova zusammen sind, eine Rolle.

Wer sich seinem Partner hingibt, möchte in ihm ein Idol sehen können. Ein Idol, für das es sich lohnt, sich aufzugeben. Für das es sich lohnt zu leben. Denn wer sich hingibt, wird aufgefangen, muss selber nicht mehr um die Ordnung der Dinge im eigenen Leben ringen. Auch diese Wünsche richten sich an einen Mann, der die klassischen männlichen Qualitäten besitzen soll. Der ‹große› Vater, der starke Mann, der in der Welt steht, sie seinem ‹Kind›, seiner Partnerin, eröffnet und alles für sie richten wird.

Im Namen der Hingabe überschreiten Casanovas Partnerinnen oftmals ihre eigenen Grenzen, wenn und weil sie Verletzungen immer wieder hinnehmen. Sie setzen sich nicht mehr aktiv dafür ein, dass ihre Belastbarkeit nicht überschritten wird und ihre Gefühle und Wünsche gewahrt bleiben.

Frauen, die ihre Grenzen aus dem Auge verloren haben, haben kein sicheres Territorium mehr. Kein Gebiet, von dem aus sie selbstbewusst handeln und ihrem Partner Widerstand entgegenbringen können.

In einer einigermaßen gleichberechtigten Beziehung setzen sich beide Partner gegenseitig aber immer wieder Grenzen. Es gibt Spannungen, jeder stellt die eigenen Ansprüche in mancherlei Hinsicht zurück, lässt sich ein, verändert sich. Damit tun sich Frauenhelden schwer.

Casanovas können auch deshalb ihren Weg gehen, weil sie eine Partnerin haben, die sie dabei begleitet. Auch wenn sie klagen oder leiden mag, generell unterstützt die Partnerin des Casanovas sein Tun, indem sie bei ihm bleibt. Wir alle kennen Menschen, die sich in ihrer Partnerschaft gehen lassen. Männer und Frauen, die sich besonders nörgelig, zickig oder herrisch verhalten. Aber: Jeder Mensch, der sich über einen längeren Zeitraum hinweg extrem oder destruktiv gegenüber seinem Partner verhält, kann dies nur tun, weil sein Gegenüber dieses Verhalten toleriert.

Casanovas Frauen neigen zu sehr großer Toleranz. Sie trauen sich nicht, ihrem Partner Grenzen zu setzen, weil sie befürchten: ‹Wenn ich ihn nicht so sein lasse, wie er will, dann wird er sich eine andere suchen, die es tut.›

Dabei verlieren die Partnerinnen untreuer Männer zwei wesentliche Bedürfnisse aus den Augen, die nahezu jeder Mensch befriedigt haben möchte: autonom zu leben und die eigenen Grenzen zu wahren.

Casanovas Frauen vergessen häufig, wie wichtig es für ein erfülltes Leben ist, seinen Weg selbst zu bestimmen. Sie sind so damit beschäftigt, auf ihren Partner zu reagieren, dass sie selber in ihrer Beziehung kaum noch Einfluss ausüben. Sie erdulden, statt aktiv zu handeln.

Die Duldsamkeit seiner Partnerin kann den Casanova dazu bringen, sich zu fragen: ‹Wenn ich mein Spiel nicht weitertreiben würde, wenn ich ihr tatsächlich treu wäre – würde sie mich dann noch so reizvoll finden?› Der Casanova spürt, dass er nicht einfach nur gehasst wird, wenn er seine Partnerin betrügt. Er sieht, dass sie ihn auch besonders sehnsüchtig begehrt, wenn er fremdgeht. Warum sollte er sich also auf ein treues Alltagsleben einlassen, in dem er womöglich alle Anerkennung verlieren würde?

Frauen, die leugnen, dass ihr Partner ihnen nicht die Nähe geben kann oder will, die sie sich wünschen, passen letztendlich perfekt zu den Casanovas. Denn sie schenken ihnen immer genau jenes Gefühl, von dem diese fremdgehenden Männer so abhängig sind: wunderbar und begehrt zu sein.

Die den Patienten braucht

Viele Partnerinnen untreuer Männer sind in ihrer Beziehung als Therapeutinnen tätig. Sie hoffen, ihren Casanova durch ihre Ergebenheit und Liebe zu heilen und treu machen zu können.

Weil Casanovas Frauen immer wieder verlassen werden, haben sie sich einen Schutzwall mit Hilfe einer ganz eigenen Logik aufgebaut: ‹Nur wenn er mich braucht, weiß ich, dass er mich nicht verlassen wird.› Wenn Casanovas Partnerin schon nicht die einzige Frau in seinem Leben sein kann, wenn er ihr schon nicht ihr Grundbedürfnis nach Harmonie erfüllen kann – dann kann sie doch zumindest als seine Retterin aktiv werden. Deswegen kann der Casanova seine Gefährtin auch immer wieder verlassen, wenn er ihr nur anschließend erneut signalisiert: ‹Ich brauche dich, hilf mir, ordne mein Leben!›

Der Casanova ist ein herausfordernder Patient: Er hält seine wahren Gefühle, seine Verletzlichkeit unter Verschluss. Das macht ihn so reizvoll. Wohl kaum eine Frau möchte nicht diejenige sein, die den verschlossenen und doch so empfindlichen Casanova knacken, die sein Vertrauen gewinnen und ihm zeigen kann, dass es die echte Liebe gibt. Es ist nicht einfach ein individuelles Problem, wenn Frauen meinen, einen Mann durch ihre Liebe ändern und ihm helfen zu können. ‹Hilf deinem Nächsten› gehört auch heute noch zum Kodex weiblicher Pflichterfüllung. Sicherlich meinen moderne Frauen, sich von den veralteten Regeln, denen ihre Mütter noch folgten, emanzipiert zu haben. Dennoch ist es nach wie vor so, dass die meisten Frauen ein schlechtes Gewissen bekommen, wenn sie sich nicht genug um ihren Partner und die Beziehung kümmern. Viele Frauen, die mit einem Casanova zusammen sind, haben schon als Kinder die Rolle der Heilerin und Retterin übernommen. Sie haben bereits in ihrer Familie ein Chaos ordnen wollen. Es ist eine klassische Rolle kleiner Mädchen, sich anzupassen, besonders brav, ausgleichend oder liebevoll zu sein und so zu versuchen, die Harmonie in der Familie zu sichern.

Solche Versuche sind – und das haben diese Frauen als Kinder oftmals gespürt – immer vergeblich. Also wiederholt die erwachsene Frau am Casanova, was ihr als Kind nicht gelungen ist, in der Hoffnung, endlich erfolgreich zu sein. Die Mittel, die eingesetzt werden, stammen auch aus der Kindheit: Liebe und Weiblichkeit werden meistens genau so gelebt, wie sie früher erlebt und erlernt wurden. Die Partnerin des Casanovas ist also nicht nur das Kind, das nach Liebe sucht, sondern lebt zugleich auch nach, wie sie ihre Mutter und zahllose andere Frauen erlebt hat: ausgleichend, versöhnlich, leidend.

Die meisten Casanovas lassen ihre Partnerin immer wieder Einblick in ihre verletzte Seele gewinnen. Unverhofft sprechen sie von ihren Ängsten, gestehen ihre Sehnsucht nach Liebe ein oder brechen zusammen, wenn ihre Partnerin droht, sie verlassen zu wollen. Der Hilferuf des Casanovas rührt seine Frau. Dass er bedürftig ist, nimmt sie dankbar und erleichtert an. Endlich wird sie anerkannt, gebraucht und anscheinend auch geliebt. Und noch dazu nicht von irgendwem, sondern von einem Frauenhelden, einem starken Mann. Viele Frauen, die an der Seite eines untreuen Mannes ausharren, haben sich tief in seine Gefühlswelt ziehen lassen, sich in ihren Partner hineinversetzt: Ist es nicht großartig, dass er sich mir geöffnet hat? Ist es nicht eigentlich ein Geschenk, dass ich die feste Basis für seine Abenteuer sein darf? Und ist es letztlich nicht meine Unfähigkeit, wenn ich ihm nicht die Unterstützung und Liebe geben kann, die er doch so sehr braucht?

Viele ‹Therapeutinnen› haben besonders stark mit ihrer Selbstachtung und zugleich mit dem Verlust eigener Gefühle zu kämpfen. Sie haben ganz bestimmte Vorstellungen davon, wie sie ihrem Partner helfen könnten und wie sie sein sollten, damit er ‹gesund› und die Beziehung sicher wird: respektvoll, hilfreich, einfühlsam. Je länger eine Frau diese Vision von sich selbst aufrechterhält, umso mehr verliert sie das Gefühl und die Achtung für sich selbst. Sie versucht, eine andere und bessere Frau zu sein, um helfen zu können und zurückgeliebt zu werden.

Eine Frau, die länger mit einem Casanova zusammen ist, ist oftmals in einem gedanklichen Kreislauf gefangen, der sie regelrecht zwingt, ihrem Partner zu helfen. Sie meint, so wie sie ist, sei sie nicht liebenswert, und deshalb müsste sie sich die Liebe eines Mannes verdienen. Das führt dazu, dass sie dem Casanova helfen will, sie zu lieben. Zur Hilfe gehört für sie auch, auf die Bedürfnisse des Partners einzugehen. Andernfalls, so glaubt sie, würde sie nicht mehr geliebt werden.

Die Partnerin eines Casanovas, die sich selbst in solch einem Kreislauf gefangen hält, verleugnet immer wieder, wie sie sich wirklich fühlt. Die Situation wird noch fataler, weil so auch der Casanova seine Partnerin nicht wahrnehmen kann, wie sie wirklich ist. Er hat kaum eine Chance, sie wahrhaftig kennen zu lernen, und somit auch kaum die Möglichkeit, ihr wahrhaftige Bestätigung zu geben. Tatsächlich braucht aber jeder Mensch einen anderen Menschen, der ihn kennt. Denn Identität kommt nicht einfach aus dem Bauch heraus, sondern ist ein Zusammenspiel von ‹Wie nehme ich mich wahr?› und ‹Wie werde ich vom anderen wahrgenommen?›. Casanovas Therapeutin nimmt sich selbst kaum mehr wahr und wird deshalb auch nicht mehr wahrgenommen als die Person, die sie eigentlich ist.

Wie Frauen Casanovas kontrollieren wollen

Hilfe ist auch eine Art von Kontrolle. Frauen, die ihrem Casanova immer wieder zur Hilfe eilen, erhoffen sich, seinen Weg zumindest ein wenig beeinflussen, manipulieren oder verändern zu können. Auch wenn diese Illusion immer nur von kurzer Dauer ist, arbeitet Casanovas Partnerin doch stets weiter daran – von Rettungsversuch zu Rettungsversuch. Diese unaufhörliche Arbeit kann man mit einem Betäubungsmittel vergleichen. Es betäubt den Schmerz und das Wissen ‹Ich bin machtlos›.

Viele Frauen werden süchtig danach zu helfen – und wieder ergänzen sich Casanova und seine Partnerin. Jeder benutzt den anderen als Ersatzobjekt. Der Casanova braucht seine Frau, um sich angenommen zu fühlen, sie braucht ihn, um helfen zu dürfen.

Der Casanova tröstet sich mit seinen Affären über seine innere Leere, seine Ängste und Schwächen hinweg. Wenn Casanovas Partnerin versucht, ihn zu retten, ihn zu verändern, ihn von seiner ‹Droge› zu befreien, macht sie sich ebenfalls abhängig. Wie sie fühlt, denkt und sich verhält, wird gesteuert durch das Verhalten des Casanovas. Sie ist süchtig nach ihm, nach seinen Problemen und denen der Beziehung.

Frauen wird seit Generationen von ihren Müttern vermittelt: Wenn eine Frau ihren Mann genügend liebt, wenn sie sich bemüht, dann kann sie ihn verändern.

Die Frage, ob sie ihn wirklich (noch) liebt, geht Casanovas Partnerin dabei oft verloren. Es kann doch wohl nur Liebe sein, wenn man es bei einem untreuen Partner so lange aushält? Ohne es zu wissen oder zu wollen, werden Casanovas Frauen so häufig zu seinen Komplizinnen. Sie unterstützen das Verhalten ihres Partners, leben selbst nicht mehr autonom und hinterfragen ihre eigenen Gefühle nicht wirklich. Der Wunsch nach Kontrolle bleibt, aber auch er lässt kaum eigene Gefühle zu. Wer immer nur darum kreist, den anderen zu verändern, muss nicht über eigene Ängste und Schwächen nachdenken. Es ist auch gar keine Zeit, kein Raum dafür da. Denn ununterbrochen wird versucht zu retten, zu helfen, zu kontrollieren. Und wenn der Partner abweisend auf diese Versuche reagiert, entstehen neue Gefühle, die wiederum keine eigenen sind, sondern solche, die vom Partner abhängen.

Den Frauen der Casanovas geht so viel Gefühl verloren – für sich selbst, aber auch für ihren Partner, den sie immer häufiger nur noch als Versuchsobjekt wahrnehmen können. Wie reagiert er auf meine Veränderungsversuche? Was lösen meine Bitten aus? Was bewirkt mein Verhalten?

Natürlich wird der Casanova immer etwas schuldig bleiben, und also dreht sich die Spirale weiter und weiter.

Casanovas Frauen bekommen nie, was ihnen ihrer Meinung nach zustehen würde – obgleich sie doch so viel Gutes tun. Was gut ist, haben die meisten Frauen verinnerlicht: helfen, sich sozial verhalten, sich einfühlsam mit dem Seelenleben nahe stehender Menschen beschäftigen. Die Partnerinnen der Casanovas können sich von diesen Mustern und Normen nur sehr schwer befreien – denn diese Richtlinien helfen ihnen auch, sich unter Kontrolle zu halten. Wer immer aushält und Gutes tut, muss sich mit der Realität nicht auseinander setzen. Ist es nicht besser, die Wirklichkeit zu leugnen, anstatt zu realisieren, dass man es eigentlich nicht erträgt, immer wieder betrogen zu werden?

Wer etwas verleugnet, weiß zwar genau Bescheid, will jedoch nichts von den Konsequenzen wissen. Frauen, die einen Casanova lieben, leugnen den eigenen Schmerz. Sie versuchen wieder und wieder glücklich zu sein in ihrer Beziehung. Und wenn sie versuchen, sich von ihrem Mann zu trennen, leugnen sie seine unerfreulichen Seiten: ‹Aber er ist doch so charmant, so liebenswert, klug, erfolgreich. Und er braucht mich doch!›

Wer seinen Partner verändern will oder sich wünscht, dass er sich auf eine ganz bestimmte Art und Weise verhält, will ihn kontrollieren. Es gibt zwei verschiedene Wege, auf denen Frauen versuchen, das zu erreichen: Druck und Anpassung.

Druck kann man auf verschiedene Weise ausüben. Man kann seinen Partner beschimpfen. Man kann ihm Vorwürfe machen. Man kann ihm erklären, wie sehr er einen mit seinen Affären verletzt. Man kann ihn anflehen, in sich zu gehen und über sein Verhalten nachzudenken. Kurz und schlecht: Man kann seinen Partner bedrängen und seine Schuldgefühle wecken wollen.

Alle Frauen fremdgehender Männer haben das vermutlich mehr als einmal getan und erfahren, dass es nutzlos ist. Denn der Casanova wird glauben, dass nicht seine Affären das Problem seien, sondern die Vorwürfe seiner Partnerin. Wenn er gedrängt wird, in sich zu gehen und sich zu erklären, wird der Casanova sich einfach nur hilflos fühlen. Wie soll er seiner Partnerin verständlich machen, was ihm selbst unverständlich ist? Denn wenn seine Partnerin ihn auffordert, ihr Leid zu verstehen und sie endlich glücklich zu machen, wird der

Casanova sich unzulänglich fühlen. Weil er spürt, dass er unfähig ist, zu geben, was gewünscht wird. Was immer Casanovas Frau auch tut, er wird weiter und verstärkt vor ihr fliehen. Das ist ein Mechanismus, der dem Casanova sehr vertraut ist – denn die Flucht vor Intimität ist ja überhaupt der Treibstoff für seine Affären.

Die meisten Frauen, die mit einem Casanova zusammen sind, entscheiden sich nicht wissentlich für Druck *oder* Anpassung, sondern schwanken unbewusst zwischen beiden hin und her.

Die Anpassung wählen sie, wenn sie besonders heftig mit ihrem Selbstwertgefühl zu kämpfen haben. Genau wie ihre Partner verstecken sie dann ihre Ängste und Sehnsüchte und versuchen, sich zu kontrollieren. Sie möchten sich und andere glauben lassen, dass sie bedürfnislos sind, selbständig, souverän und unverletzbar. Tatsächlich fühlen sich Casanovas Frauen nicht wirklich so stark, wie sie sich gerne geben. Und deshalb bricht die Fassade auch immer wieder zusammen, ist mit jeder Affäre des Partners zu erschüttern.

Viele Frauen versuchen, ihren Partner zu kontrollieren, indem sie intensiv in ihm aufgehen und mit ihm fühlen, um so endlich zu jener Frau zu werden, die er lieben kann.

Wohl fast jede Frau, die mit einem Casanova zusammen ist, hat schon einmal versucht, sich selbst zu verändern, um ihren Partner zu verändern. Frauen wissen, wie das geht. Sie kennen die Rezepte, die über viele Frauengenerationen hinweg immer weitergegeben wurden. Generell lautet der Ratschlag: Schenke deinem Mann Bestätigung. Was besonders Männer brauchen, um sich in einer Beziehung geborgen und wohl zu fühlen, ist heute nichts anderes als vor hundert Jahren: Männer brauchen Ermutigung, viel Lob und Zuspruch, sie fürchten Kritik und Nörgelei, sie wünschen sich ihre Frauen attraktiv, sie möchten als gute Liebhaber wahrgenommen werden, sie wünschen sich abwechslungsreichen Sex, sie möchten, dass ihnen Vertrauen geschenkt wird, sie möchten nicht ständig über ihre Gefühle sprechen müssen, sie möchten sich frei fühlen können. Moderne Frauen beschäftigen sich intensiv damit, ‹richtig› mit ihrem Partner zu sprechen und ihm einfühlsam zuzuhören. Sie versuchen zu lernen, wie man konstruktiv streitet und wie sie ihre eigenen Bedürfnisse anbringen können, ohne dem Partner Angst zu machen. Sie versuchen, zu begreifen, warum sie sich ‹zu viel› Nähe von ihrem Partner wünschen und warum er so wenig Nähe zulassen kann. Sie reflektieren ständig die Gefühle, die Handlungen, die Reaktionen ihres Gegenübers – fast ununterbrochen sind sie damit beschäftigt, das Verhalten ihres Partners zu erklären und mit ihrer eigenen Realität in Einklang zu bringen.

Natürlich nutzt es jeder Beziehung, wenn man seinem Partner Respekt, Verständnis, Unterstützung und Freiheit schenkt. Als Mittel, seinen Partner zur sexuellen Treue zu bewegen, sind diese Geschenke allerdings sinnlos. Möglicherweise wird ein Mann, dessen Frau sich um ihn bemüht und ihn weniger kritisiert, tatsächlich eine Zeit lang oder generell weniger fremdgehen. Möglicherweise aber auch nicht.

Die Hoffnung, seinen Partner durch Kritik oder durch Hingabe, Liebe und Verständnis zu verändern – und das heißt, das eigene Verhalten zu kontrollieren –, ist in den meisten Fällen trügerisch:

Nehmen wir an, eine Frau versucht, sich in die Schablone einer liebenswerten, verführerischen, geduldigen, idealen Partnerin zu zwängen. Nehmen wir an, sie schafft es tatsächlich, sich zu kontrollieren. Ihre Defizite, Sehnsüchte und Ängste hat sie dann aber immer noch nicht im Griff. Die Muster, in denen sie gefangen ist, lassen sich nicht durch aufgesetztes Verhalten aufbrechen. Viel wahrscheinlicher ist, dass sie sich über kurz oder lang als Opfer fühlen wird: ‹So viel habe ich getan und so wenig dafür bekommen!›

Wer nicht zeigt, dass er eigentlich enttäuscht ist, wird immer weiter enttäuscht werden. Jede Frau, die versucht, sich ihrem Partner anzupassen und ihn so zu verändern, begibt sich auf ein ungemein unsicheres Terrain. Der Casanova wird wieder fremdgehen – sosehr sich seine Partnerin ihm auch angepasst haben mag.

Die Verhaltensstrukturen des Casanovas lassen sich so nicht verändern. Gleichgültig, wie liebenswert und einfühlsam seine Partnerin sein wird: Der Casanova geht seinen eigenen Weg, ganz alleine. Er entscheidet selbständig, ob er Sex mit anderen Frauen braucht. Im besten Falle kann Casanovas Partnerin also ebenso selbständig ihre Einstellung zur Beziehung überprüfen und sich aufmachen, ihren eigenen Weg zu gehen.

6. Heimlich oder offen – vom Umgang mit sexueller Untreue

Die Frage, ob man Affären verschweigen oder offenbaren sollte, stellt sich den Casanovas und ihren Partnerinnen immer wieder. Egal, ob sie offen oder heimlich mit sexueller Untreue umgehen – hinter beidem verbirgt sich eine Menge Konfliktstoff.

Viele Frauen sind nicht nur verletzt, weil ihr Partner fremdgeht, sondern leiden auch deshalb, weil der Casanova ihnen seine Affären verschweigt. Andere Frauen fühlen sich besonders getroffen, weil der Casanova darauf besteht, seine Abenteuer zu offenbaren.

Ob der Casanova über seine Affären schweigt oder sie seiner Partnerin mitteilt: Keiner der beiden Weg ist per se besser. Konstruktiv kann der jeweilige Weg nur sein, wenn der Casanova bereit ist, sich selbst gegenüber ehrlich zu sein – wenn er herausfindet, welche Ängste und Bedürfnisse sich hinter seinem Schweigen oder seiner Offenheit verbergen.

Verheimlichung – zwischen Angst und Selbstbehauptung

Casanovas, die ihre Affären verschweigen, sind in den allerseltensten Fällen verlogen. Zumeist drücken sie durch ihr Schweigen vielmehr das Bedürfnis aus, eigenständig ihren Weg gehen zu können, weil sie befürchten, in der Beziehung vereinnahmt zu werden. Sie wollen langwierige Diskussionen und heftige Vorwürfe vermeiden, die sie daran hindern könnten, sich – im Rahmen ihrer festen Beziehung – autonom zu verwirklichen. Sie genießen das Gefühl, scheinbar frei zu sein, und lassen deshalb ein schlechtes Gewissen, aus dem heraus sie sich offenbaren müssten, oftmals gar nicht erst zu.

Der heimliche Casanova schweigt auch, weil er seine Hauptbeziehung schützen will. Denn schließlich, so meint er, will er doch nichts weiter als ein wenig Spaß, ein bisschen Anerkennung, etwas Freiheit, hin und wieder ein Abenteuer. Viele Frauenhelden haben nicht das Gefühl, ihre Partnerin um irgendetwas zu betrügen. Sie fragen sich: ‹Warum sollte ich meine Affären gestehen und damit meine Beziehung riskieren und meine Partnerin unnütz verletzen – wo es doch gar keinen Grund für sie gibt, verletzt zu sein?›

Offenheit und Ehrlichkeit sind für viele Menschen ein Maßstab für Nähe. Paaren, die offen über einen Seitensprung sprechen, kann es gelingen, wieder zueinander zu kommen und neues Vertrauen herzustellen. Oftmals erkennen Paare erst durch einen Seitensprung, was in ihrer Beziehung jahrelang schief gelaufen ist. Sie können dann einander ihre Ängste und Erwartungen offen legen und versuchen, ihre Beziehung auf eine neue Basis zu stellen.

Casanovas, die ihre Affären verschweigen, wollen ihre Ängste aber nicht offen legen. Sie wollen keine Schuldgefühle, sie wollen weiter mit andern Frauen schlafen, sie haben nicht das dringende Gefühl, etwas aufarbeiten zu müssen.

Im einfachsten Fall schweigen Frauenhelden, weil die heimliche Affäre ihnen in einer Welt der Zwänge ein aufregendes Abenteuer ermöglicht – denn zu einem richtigen Abenteuer gehört die Geheimhaltung dazu.

Im ehrenhaftesten Fall schweigen Frauenhelden tatsächlich über ihre Abenteuer, weil sie ihre Partnerin vor Kränkungen schützen und ihren Stolz nicht verletzen wollen.

Im negativsten Fall verheimlicht der Casanova seine Affären, weil er seine Partnerin als bedrohliche Kontrollinstanz betrachtet. Sie will ihn einschränken und seiner Freiheit berauben. Dagegen muss er kämpfen.

In jedem Fall jedoch spielt beim Verschweigen die Angst des Casanovas vor den Konsequenzen mit: Seine Partnerin könnte ihm Vorwürfe machen, sich von ihm abwenden oder sich sogar trennen. Diese Furcht ist berechtigt – besonders dann, wenn der Casanova spürt, dass er seiner Hauptfrau etliches an Zuneigung, Zärtlichkeit und Sex verweigert, was er seiner Liebhaberin gibt.

Wer sich intensiv auf einen andern Menschen einlässt, setzt Ehrlichkeit voraus. Ehrlichkeit scheint uns zu einer Liebesbeziehung dazuzugehören wie Loyalität, Solidarität, Einfühlungsvermögen und Verlässlichkeit. Ehrlichkeit bedeutet: ‹Ich mache dem anderen nichts vor, ich spiele kein Spiel.› Ehrlichkeit in einer Liebesbeziehung meint, offen mit Gefühlen umzugehen – eine Voraussetzung, um Vertrauen fassen zu können.

Frauen haben oftmals ein sehr starkes Bedürfnis nach Offenheit. Sie haben gelernt, Bindungen zu kultivieren, indem sie sich austauschen und über Emotionen sprechen. Besonders, wenn eine Liebesbeziehung problematisch wird, geht es Frauen darum, offen mit ihrem Partner über Gefühle, Ängste und Verletzungen zu sprechen.

Frauen, die durch Zufall, hartnäckiges Nachfragen oder detektivische Arbeit herausgefunden haben, dass ihr Partner fremdgegangen ist, leiden darunter, belogen worden zu sein. Sie fühlen, dass die Intimität ihrer Beziehung gleich zweimal verletzt wurde. Durch das Fremdgehen an sich und durch die Tatsache, dass ihr Vertrauen gebrochen wurde. Die Beziehung wird so plötzlich als ein ganz unsicherer Ort empfunden.

Ein Casanova, der seine Affären verheimlicht, entzieht sich der Macht seiner Partnerin. Er tut, denkt und fühlt in einer bestimmten Hinsicht ganz und gar autonom. Hinter der Trauer darüber, belogen worden zu sein, steckt also auch die bittere Erkenntnis: ‹Ich habe keine Macht über meinen Partner. Er entzieht sich meinem Einfluss.›

Frauen, die mindestens einmal erlebt haben, dass ihnen eine Affäre verschwiegen wurde, fühlen sich fortan oftmals ihren quälenden Phantasien ausgesetzt. Sie befürchten, weil sie einmal angelogen wurden, wird es auch in Zukunft wieder geschehen. Besonders, wenn sie heftig verletzt und vorwurfsvoll reagiert haben, neigen sie dazu, zu meinen: ‹Er wird auch das nächste Mal schweigen, um Streit und Beschimpfungen aus dem Weg zu gehen.› Das Misstrauen wird noch verstärkt, wenn und weil Casanovas Partnerin sich nicht genug umsorgt und geliebt fühlt. Das Wenige, was sie an Wünschen erfüllt bekommt, bewacht sie mit Misstrauen – würde sie sich überschwänglich versorgt und geliebt fühlen, bräuchte sie ja um nichts zu fürchten.

Der heimliche Umgang mit Affären kann für Casanovas Partnerin auch einen Vorteil haben: Das Nicht-genau-Wissen schützt sie vor dem Gefühl, betrogen und verraten worden zu sein. Denn das wird sie in den meisten Fällen tatsächlich nicht. Der Casanova mag zwar mehr Anerkennung brauchen, als sie ihm geben kann, er mag sich nicht auf intensive Nähe einlassen können – aber er ist kein Verräter. Verrat im Sinne einer Missachtung der gemeinsamen Liebe ist in den meisten Fällen etwas, das seine Partnerin empfindet – nicht etwas, das tatsächlich vonseiten des Mannes emotional stattfindet. In seiner Wahrnehmung kann er zwei Menschen auf ganz unterschiedliche Art und Weise lieben und/oder begehren.

Das vollständige Vertrauen in einen heimlich fremdgehenden Partner, den man einmal ertappt hat, wiederherzustellen ist fast unmöglich. Es hilft nur die Erkenntnis, dass Misstrauen und Kontrolle einer Beziehung niemals dienlich sein können.

Offenheit – zwischen Egoismus und Reife

Und was wollen jene fremdgehenden Männer, die ihren Partnerinnen jeden Seitensprung beichten?

Einer ihrer Beweggründe ist denen der heimlichen Frauenhelden ganz ähnlich: Sie halten ihre Motive (Vergnügen, Abwechslung, Anerkennung, Abenteuer) für legitim. Wieso sollten sie ihrer Partnerin also etwas verschweigen? Zugleich testet der Casanova seine Partnerin durch seine Offenbarungen: ‹Wenn du mich liebst, dann wirst du mir dieses bisschen Freiheit nicht verbieten!› Es geht dem Casanova dabei zum einen darum, dass seine Hauptfrau die einzelne Affäre akzeptiert. Zum anderen soll sie sich grundsätzlich mit seinem Fremdgehen einverstanden erklären: Manche Casanovas sprechen auch dann immer wieder über ihr Fremdgehen, wenn sie gerade keine Affäre haben. Sie entwickeln Szenarien, die noch gar nicht eingetreten sind. Sie benutzen Offenheit, um permanent klarzustellen: ‹Ich bin, wie ich bin. Das musst du akzeptieren, wenn du mich willst.›

Die meisten Casanovas, die ihrer Partnerin zumuten, ihre Affären zu akzeptieren, haben ein hohes Ideal von Beziehung: Sie wollen alle Freiheit, alle Verliebtheit, alle Anerkennung, die in einer Liebe nur möglich ist. Ihre Geständnisse dienen ihnen dazu, das Vertrauen ihrer Partnerin regelmäßig erneuern zu wollen – auch wenn sie wissen, dass sie es wieder enttäuschen werden.

Tatsächlich verstehen viele Casanovas Vertrauen in einem sehr weit reichenden Sinne: Ihre Partnerinnen sollen nicht einfach ihrer Treue, sondern ihnen als ganzer Persönlichkeit vertrauen. Vertrauen meint hier: ‹Glaube mir, dass ich eine liebenswerte Person bin. Vertraue mir, dass ich dir trotz meiner Affären ein wunderbarer Partner sein kann.›

Der Casanova erhofft sich durch seine Offenbarungen aber noch mehr, nämlich Absolution. Er will nicht der Schuldige sein. Er will nicht verantwortlich sein für die verletzten Gefühle seiner Partnerin. Sie soll vergeben, damit alles gut ist und er weiterleben kann, so wie er will.

Faktisch gesehen dürfen sich natürlich nur jene Frauen betrogen fühlen, deren Partner ihnen vorher Treue und Ehrlichkeit versprochen hatten. Betrogen wird letztendlich nur die, die sich auf die

Treue und die Ehrlichkeit ihres Partners verlassen hat und feststellen muss, dass er beides nicht eingehalten hat. Ein Mann, der jede Affäre offen zugibt und seiner Partnerin niemals versprochen hat, ausschließlich mit ihr Sex zu haben, ist letztendlich kein Betrüger.

Trotzdem fühlen sich auch die Frauen der geständigen Casanovas betrogen – um ihre Bedürfnisse nach Rücksichtnahme und um das Verständnis für ihre Sehnsüchte. Diese Bedürfnisse muss die Partnerin eines Frauenhelden, die wiederholt mit der Wahrheit konfrontiert wird, unterdrücken. Ihr Wunsch nach Vereinigung wird abgewehrt. Stattdessen fordert ihr Partner vehement ein, dass er sich trennen darf und sein Verhalten zudem verstanden und akzeptiert wird.

Frauen, die sich auf einen offenen Umgang des Casanovas mit seinen Affären einlassen, tun dies (zumindest anfangs) oft auch deshalb, weil sie insgeheim denken: ‹Ich sage jetzt erst einmal zu und lasse mich ein – ich werde ihn schon noch davon abbringen fremdzugehen.›

Andere stimmen dem Casanova zu, weil sie aus ihrer Verliebtheit viel Energie ziehen. Wer intensiv liebt, meint oft, mehr Kraft zu haben, als er tatsächlich besitzt, und traut sich zu, mehr auszuhalten, als anderen möglich ist.

Auf Dauer Verständnis für Casanovas Affären zu haben ist für seine Partnerin jedoch auch deshalb ungemein schwer, weil es ihr in der Regel einseitig abgefordert wird. Kaum ein Casanova kann es gut aushalten, dass seine Hauptfrau verletzt reagiert oder gar fremdgeht. Er ist in den seltensten Fällen in der Lage, das zu geben, was er selbst verlangt: reife, verständnisvolle Liebe und Vertrauen.

Es ist schmerzhaft genug für Casanovas Frau, von der Affäre zu erfahren. Trotzdem wird sie meistens Fragen stellen und Details wissen wollen: ‹Hast du mit ihr geschlafen? Was genau habt ihr getan? Wie war sie?›

Es passt zu dem mangelnden Selbstwertgefühl vieler Frauen, die eigene Persönlichkeit durch solche Fragen klein zu machen. Denn es gibt keine Antworten, die ihr Vertrauen in sich selbst wirklich stärken könnten – auch dann nicht, wenn der Casanova ihr bestätigt, dass sie die Schönste, Reizvollste und Begehrenswerteste all seiner Sexualpartnerinnen ist. Die Frage bleibt: ‹Warum braucht er dann die anderen?› Und die immer gleiche Antwort, die sich Casanovas Frauen darauf geben, lautet: ‹Weil ich ihm nicht genüge.›

Eine Frau, die mit den Geständnissen eines Casanovas leben will oder muss, braucht ungemein viel Stärke und Selbstbewusstsein. Und ein Frauenheld, der aus seinen Affären kein Geheimnis machen will, braucht eine große Bereitschaft, sein Fremdgehen hinterfragen zu lassen.

Eine Offenheit, die nicht einfach nur verletzt, würde vom Casanova ungemein viel Einfühlungsvermögen erfordern. Offenheit, die nicht nur dem Casanova, sondern der Beziehung nützen soll, darf dem anderen nicht um die Ohren geschlagen werden. Der Casanova müsste wissen, wann und in welcher Form seine Partnerin bereit ist, die Wahrheit anzunehmen. Er müsste eine Reife besitzen, die er in den seltensten Fällen hat.

Beim offenen Umgang mit Liebschaften müssen beide Partner in der Lage sein, ihre eigenen Wünsche immer wieder zu reflektieren oder auch zurückzustellen, wenn sie den Partner zu sehr belasten. Nur dann kann Ehrlichkeit mehr als eine schonungslose Klärungsmethode sein.

7. Was Casanovas Partnerin tun kann

So viel ist sicher: *Die* Lösung für Frauen fremdgehender Männer gibt es nicht. Es existieren keine garantiert wirksamen Strategien, denen die Partnerinnen der Casanovas folgen könnten, um sich dann entweder zu trennen oder aber die Untreue eines Frauenhelden besser auszuhalten. Es gibt jedoch verschiedene Wege, die es Frauen untreuer Männer ermöglichen können, Neuland zu betreten. Neuland heißt erst einmal nicht mehr, als dass die Partnerin des Casanovas ihren Blick weiten kann, um zu erkennen, was es außerhalb ihrer gewohnten Sichtweise eigentlich noch zu entdecken gibt. Die Lösungen, die hier angeboten werden, sind in erster Linie Denkanstöße, unterschiedliche Impulse, die helfen können, aus der Opferrolle auszubrechen und etwas Neues zu versuchen – und das kann durchaus erst einmal innerhalb der Beziehung geschehen.

Eine Frau, die für ihr Zusammenleben mit einem Casanova eine Lösung finden will, hat letztendlich nur eine Garantie: Sie wird sich auf den Weg zu sich selbst machen müssen.

Nicht länger Therapeutin sein

Jede Frau, die mit einem Casanova zusammen ist, sollte sich grundsätzlich einige wesentliche Fragen stellen:

- Ist mein Partner bereit, meine Perspektive einzunehmen? Versteht er, dass sein Verhalten mich verletzt?
- Beschuldigt er mich für meinen Schmerz und meine Eifersucht, oder ist er in der Lage, meine Gefühle anzunehmen?
- Ist er bereit, darüber nachzudenken, warum er fremdgeht?

- Kann und will er seine eigenen Defizite und Unzulänglichkeiten eingestehen und erklären?
- Ist mein Partner prinzipiell bereit, auf ein zukünftiges Ziel (das Fortbestehen unserer Partnerschaft) hinzuarbeiten und dafür spontane Entscheidungen (Affären) zurückzustellen?

Wer die meisten dieser Fragen mit ‹Nein› beantworten muss, lebt höchstwahrscheinlich an der Seite eines egozentrischen, bindungsunfähigen Mannes. Eines Mannes, der nicht willens und in der Lage ist, sich in seine Partnerin einzufühlen und einen gemeinsamen Weg zu gehen.

Eine Beziehung, die sich entwickeln soll, lebt vom Dialog. Casanovas, die sich diesem Dialog verweigern und die Ängste und Verletzungen ihrer Partnerinnen abtun oder ignorieren, setzen sich weder mit den eigenen noch mit den Sehnsüchten ihres Gegenübers auseinander und geben der Beziehung so keine Chance. Trotzdem meinen viele Frauen, so einem Mann helfen zu können.

Frauen, die in ihrer Beziehung die Rolle einer Therapeutin oder Sozialarbeiterin einnehmen und glauben, ihren Casanova bessern zu können, konzentrieren sich oft so sehr auf ihr Ziel, dass sie vergessen: Ohne die Mitarbeit des Casanovas kann dieser Versuch nur scheitern.

Den meisten Frauen fällt es nicht leicht, die Rolle der Retterin zu hinterfragen oder sogar aufzugeben. Denn mit der Entscheidung, den Casanova nicht mehr verändern zu wollen, verliert seine Partnerin einen wesentlichen Antriebsstoff für ihre Liebe, nämlich die Hoffnung. Die Hoffnung, die sie bislang getragen und ihr eingeflüstert hat: ‹Wenn du es schaffst, ihn zu ändern, wenn er seine Frauen aufgibt, wirst du glücklich werden.›

Casanovas Frauen kreisen um diese Hoffnung und die Frage, wie sie ihren ‹hilfsbedürftigen› Partner retten können. Dabei bleibt wenig Raum für wichtige Fragen an sich selbst:

- Inwieweit brauche ich diesen hilfsbedürftigen Menschen an meiner Seite?

- Verleiht er mir vielleicht Macht, weil ich meine, ihn retten zu können?
- Bin ich bereit, meinen Partner seinen eigenen Weg gehen zu lassen, oder will und muss ich ihn dominieren?
- Füllt meine Arbeit an dem ‹Fall Casanova› eine Leere in meinem Leben, vor der ich mich fürchte?
- Kann es sein, dass ich – bei allem Leid – das Gefühl, moralischer und besser zu sein als mein Partner, brauche und genieße? Nützt der Casanova mir in irgendeiner Hinsicht, von der ich bis jetzt noch nichts ahnte?

Wenn sich eine Frau diesen Fragen stellt, hat sie die Chance auszubrechen. Sie kann ihre eigene Rolle in der Beziehung hinterfragen, und es muss nicht länger nur noch darum gehen, was der andere tut und wie sie darauf reagieren kann oder muss. Stattdessen kann sie beginnen, selbstbestimmt zu handeln. Es ist eine spannende Entdeckung zu sehen, was geschieht, wenn man die alte Rolle gegenüber dem Partner ablegt. Was passiert denn eigentlich, wenn Casanovas Partnerin ihn akzeptiert, so wie er ist? Wenn sie aufhört, ihn verbessern und zu ihrem Idealpartner machen zu wollen? Möglicherweise kann sie ihn dann so sehen, wie er wirklich ist: Vielleicht ist er tatsächlich einfach nur ein Mann, der seine feste Partnerin braucht, um seinen Weg als Frauenheld zu gehen. Der Casanova stützt sich darauf, dass seine Partnerin letztendlich immer wieder verständnisvoll auf ihn reagiert. Dabei achtet er sie weniger als verletzbare Persönlichkeit denn als Hilfe und Stütze – und nimmt dabei eben ihre Veränderungsversuche an seiner Person in Kauf. Vielleicht will er sich tatsächlich überhaupt nicht verändern.

Erst wenn Casanovas Partnerin beginnt, sich aus der Rolle als stützende oder drängende Therapeutin zu lösen, kann auch der Frauenheld aus seiner Rolle ausbrechen. Den Partner nicht mehr verändern zu wollen heißt nicht, sich ihm anzupassen und sein Verhalten tapfer hinnehmen zu müssen. Es geht vielmehr um ein sehr hehres Ziel:

um Gelassenheit. Gelassenheit ist etwas anderes als Gleichgültigkeit. Gelassenheit meint Ruhe und bedeutet in diesem Fall, zu akzeptieren, dass der Kampf nichts mehr bringt. Wenn seine Partnerin diese Haltung einnehmen kann, hat der Casanova eventuell eine Chance, aus seiner Rolle auszubrechen. Garantiert ist das nicht – auf jeden Fall aber besteht für seine Partnerin die Möglichkeit, einen ersten Schritt auf dem Weg in die Selbständigkeit zurückzulegen: Sie kann sich selbst verändern, und zwar egal, ob der Casanova auch an sich arbeitet oder nicht.

Sich selbst achten

Normalerweise verwenden Casanovas Frauen viel Kraft darauf, ihren Partner für seine Untreue zu verurteilen und ihn anzuklagen. Gleichzeitig werfen sie sich vor, vielleicht selber einfach nicht liebenswert genug zu sein. Sie erdulden oftmals mehr, als ihnen gut tut, weil sie sich selbst nicht genug achten. Sich selbst zu achten bedeutet, seinen Fähigkeiten, Gefühlen und Bedürfnissen zu vertrauen. Es meint, dass man daran glaubt, wertvoll zu sein. Viele Frauen, die sich permanent von ihrem Partner verletzt fühlen, haben dieses Vertrauen in sich verloren.

Wer sich selbst und seine Wünsche wieder akzeptieren will, muss sich selbst verzeihen können. Wenn die Partnerin eines Casanovas gekränkt ist durch seine Affären, wenn sie aus der Bahn geworfen wird, wenn sie völlig außer sich gerät – dann darf sie all das nicht länger als eigene Unfähigkeit empfinden. Es ist jetzt wichtig für sie, ihre Handlungen und Gefühle anzunehmen und zu respektieren. Es geht auch nicht länger darum, die Schuld für bestimmte Gefühle dem Partner zuzuschieben. Wer sich selbst achten will, der muss Verantwortung übernehmen für sein Handeln und seine Reaktionen. An sich zu glauben heißt auch, sein Leben zu kontrollieren – anstatt dem Partner die Kontrolle über seine Gefühle zu gestatten. Wer daran glaubt, wertvoll zu sein und aktiv handeln zu können, braucht nicht länger selbstmitleidig zu resignieren.

Für die Frauen der Casanovas geht es darum, ihre Ansprüche als berechtigt zu betrachten und ihre Meinung deutlich zu vertreten. Vielen, die es an der Seite eines untreuen Partners aushalten, fällt das unglaublich schwer. Sie wollen freundlich sein, weil das eine Eigenschaft ist, die den meisten Frauen sehr vertraut ist. Sie wollen nicht kleinlich wirken, sie wollen großzügig sein, sie wollen geliebt und geschätzt werden für ihre Nettigkeit. Sie haben Schuldgefühle, sobald sie den Casanova enttäuschen, und wollen es ihm recht machen – anstatt sich selbst zu achten und für ihre eigenen Überzeugungen einzutreten.

Wer länger mit einem fremdgehenden Mann zusammen ist, hat oft das Gefühl, nicht mehr integer zu handeln. Integer zu handeln bedeutet, dass die Werte und Überzeugungen eines Menschen mit seinem Verhalten übereinstimmen. An der Seite eines Casanovas leben viele Frauen jedoch entgegen ihren Werten und Überzeugungen. Sie akzeptieren permanente Untreue und ziehen sich auf ihre angebliche Hilflosigkeit zurück. Sie behaupten sich selbst und anderen gegenüber, sie könnten nichts dagegen tun oder seien abhängig von ihrem Partner und der Beziehung.

Wer sich länger so verhält, verliert natürlich die Achtung vor sich selbst. Genauso übrigens, wie auch der Casanova letztendlich die Achtung vor einer Partnerin verliert, die nicht für eigene Überzeugungen und ihre ganz persönliche Lebenseinstellung einsteht.

Casanovas Frauen müssen nicht länger die perfekte Partnerin sein, die sie ohnehin nie sein können. Sie müssen nicht länger alles richtig machen, damit ihr Partner sie nicht mehr betrügen muss. Sie können beginnen, sich selbst zu glauben und nicht mehr einem Partner, der ihnen sagt: ‹Du machst alles kaputt. Alles wäre großartig, wenn du nicht so einen Terz machen würdest.› Oder: ‹Du bist krankhaft eifersüchtig. Das ist nicht normal.›

Natürlich tragen die meisten Frauen einen eigenen Anteil an ihrer Beziehungsmisere – sie sehnen sich aus den unterschiedlichsten Gründen allzu sehr nach einer romantischen Liebe oder dem perfekten Partner. Gefährlich wird es jedoch dann, wenn Frauen glauben, letztendlich seien sie es, die ihre Beziehung zerstören – weil sie süchtig nach Liebe seien oder ihren Partner durch ihr Verhalten dazu bringen würden, sie schlecht zu behandeln. Es macht sie ratlos, dass ihr Casanova auf der einen Seite ein ungemein liebenswerter Mann ist und sie auf der anderen Seite immer wieder verletzt und verunsichert. Sie wissen nicht mehr, ob sie bei ihrem Partner bleiben, *weil* er sie verletzt oder *obwohl* er sie verletzt. All dies führt dazu, dass Frauen oft nur noch um ihre eigenen Defizite kreisen. Sie geben sich Schuld – *sie* haben das Beziehungsproblem geschaffen. Deswegen glauben sie, müssten sie das Problem auch beseitigen können – wenn sie nur hart genug an sich arbeiten. Frauen, die sich an der Seite eines Casanovas permanent selbst anklagen, übernehmen die Verantwortung für die Beziehung und alles, was schief läuft.

Frauen, die sich selbst wieder mehr achten und vertrauen, können sich endlich der verqueren Logik verweigern: ‹Wenn ich nur genug an mir arbeite, wenn ich nur genug leiste, wird alles in Ordnung kommen, und ich werde glücklich sein.› Sie können sich trauen, einmal nichts zu leisten – und dann endlich erkennen, was sie eigentlich wirklich leisten können und wollen.

Wer diesen Schritt getan hat, kann sich neu entscheiden: ‹Was sind meine Werte? Kann und will ich es weiter aushalten, wenn mein Partner mit anderen Frauen schläft?› Wer sich solche Fragen beantwortet, wird sich auf jeden Fall verändern – und gibt so auch dem Casanova die Chance, sich zu verändern. Das muss nicht heißen, dass er aufhört fremdzugehen – aber es kann sein, dass er zumindest beginnt, anders auf seine Partnerin zu reagieren und sie neu wahrzunehmen.

Frau sein statt Mädchen

Die Familie kann wesentlich beeinflussen, wie jemand sich seinen Traumpartner wünscht. Die Frauen der Casanovas inszenieren in ihrer Beziehung oft das eigene Familiendrama neu – auch wenn sie das selber nicht wahrhaben können oder wollen.

Nicht immer wird das Modell, das Töchter von zu Hause kennen, einfach nur nachgelebt. Sicher: Frauen, die zum Nettsein erzogen wurden oder die erlebt haben, wie sich ihre Harmonie liebende oder defensive Mutter einem autoritären oder launischen Partner angepasst hat, werden besondere Probleme damit haben, sich in ihrer eigenen Partnerschaft durchzusetzen. Ebenso häufig suchen Frauen nach einem Partner, der für sie jene Seiten auslebt, die sie als Kind selber nicht ausleben durften. Wer immer nur funktionieren musste, findet einen Mann, der sich Konventionen und Normen verweigert, sicherlich besonders spannend. Und Frauen, die immer wieder daran scheiterten, sich die Liebe ihres Vaters zu erobern, sind prädestiniert für Männer, die sich ihnen in der Liebe entziehen.

Frauen die mit einem Casanova zusammen sind, spielen vielfältige Rollen – und fast immer sind es solche, die sie schon als Kind eingenommen haben: Sie spielen Retterin, weil sie sich so einigermaßen sicher fühlen können; sie spielen die zornige Verfolgerin, weil sie sich rächen wollen für ihre Vergangenheit; sie spielen Opfer, weil ihnen diese Rolle vertraut ist und sie so zumindest auf die Schuldgefühle des Casanovas bauen können.

Wer nach einem Weg sucht, sich konstruktiv mit seinem Casanova auseinander zu setzen oder sich von ihm zu trennen, kommt nicht umhin, sich auch kritisch mit der eigenen Vergangenheit auseinander zu setzen. Wenn die Partnerin eines Frauenhelden nicht mehr spielen, sondern wirklich leben will, wenn sie die fixe Idee ablegen möchte, dass der Mann an ihrer Seite sie davon abhält, glücklich zu sein, sollte sie sich einigen Fragen stellen: ‹Bin ich mit einem Casanova zusammen, weil ich die Verhaltensmuster meiner Kindheit wiederhole? Welche Muster könnten das sein? Kann es sein, dass ich jemanden brauche, um den ich kämpfen muss? Welche Wünsche (wie z. B. Autonomie oder den eigenen Willen entdecken) habe ich als Kind niemals wirklich ausleben können? Sind es Wünsche, die der Casanova an meiner Seite stellvertretend für mich auslebt?

Kann es sein, dass ich Angst vor einer langweiligen Beziehung habe und deshalb die Herausforderung des Kampfes brauche? Will ich unbewusst vielleicht einen Unruhestifter als Partner – auch wenn ich unter ihm leide? Könnte ich die harmonische, große Liebe, nach der ich mich so sehne, tatsächlich aushalten?›

Letztendlich geht es darum, sich eine scheinbar harmlose Frage zu beantworten, die aber dennoch vieles auf den Kopf stellen kann: ‹Liebe ich diesen Mann als erwachsene Frau, oder zeige ich kindliche Reaktionen? Will und brauche ich heute wirklich noch das, was ich als Mädchen einmal wollte?›

Verstehen

Der Casanova und seine Partnerin haben unterschiedliche moralische Auffassungen davon, wie Beziehungen zwischen Mann und Frau sein sollten. Casanovas Partnerin folgt der Lebenslinie: In einer festen Zweierbeziehung sollen Geborgenheit und Sicherheit gelebt werden. Diese Einstellung ist von unserer Gesellschaft akzeptiert und wird von den meisten Menschen gelebt. Die Moral des Casanovas ist eine andere: Er begreift Abwechslung in seinen Sexualbeziehungen als notwendig. Er meint, sich durch seine Affären besser und freier entwickeln zu können. Seine Partnerin ist auch deshalb verletzt, weil ihr Bedürfnis nach Sicherheit gestört wird. Die Moral ist auf ihrer Seite. Sie hat Recht mit ihrer Einstellung – persönlich hilft ihr das jedoch nicht weiter. Ihre Werte, die sie eigentlich sicher durchs Leben leiten sollten, scheinen an der Seite eines Casanovas bestandslos. Sie weiß auch, dass all ihre Anstrengungen und Bitten, all ihre Versuche, ihn zu ändern, nichts gebracht haben. Natürlich hat sie die Möglichkeit, sich enttäuscht und moralisch entrüstet endgültig abzuwenden. Solange sie das nicht schafft, kann es für sie aber auch interessant sein, ihr Bild des Partners und seiner Werte zu hinterfragen. Das bedeutet keinesfalls, die eigenen Moralvorstellungen aufzugeben, um sich denen des Partners anzupassen. Es meint vielmehr, den Standpunkt des Casanovas verstehen zu wollen. Tatsächlich geht es nur um den allerersten Schritt: zu verstehen. Es geht nicht darum, das Verhalten des Casanovas zu entschuldigen und dann weiterhin gequält an seiner Seite auszuharren. Verstehen zu wollen bedeutet erst einmal nichts weiter, als den anderen moralisch nicht mehr zu verurteilen – sich nicht mehr über ihn zu erheben im Sinne von: ‹Meine Moral ist einwandfrei, deine nicht!›

Was das bringen soll? Möglicherweise nicht mehr als die Erkenntnis: ‹Mein Partner schläft nicht mit anderen Frauen, um mich zu verletzen, sondern weil er andere Werte hat als ich.›

Vielleicht kann diese Erkenntnis ein erster Schritt sein, klar zu erkennen: ‹Der Mann an meiner Seite lebt nach einer Moral, die sich so sehr von meiner unterscheidet, dass ich mich früher oder später auf jeden Fall von ihm trennen muss, wenn ich mich nicht vollständig verleugnen will.›

Die Einsicht, dass der Casanova, ebenso wie man selbst, in seiner eigenen Welt lebt, kann aber auch einen ganz anderen Weg aufzeigen: ‹Wenn ich meinen Partner akzeptiere, wie er ist, wenn ich ihm zugestehe, dass seine Werte nicht weniger wertvoll sind als meine – dann kann ich auch ihm zutrauen, mich und meine Werte zu akzeptieren.› Eine Frau, die ihrem Casanova solch ein Grundvertrauen schenkt, gibt ihm eine Chance – die Chance, dass auch der Frauenheld sich hinterfragt und beginnt, die Weltsicht seiner Partnerin genauso zu respektieren, wie sie es ihm gegenüber tut. Und das kann immerhin dazu führen, dass er und sie sich gegenseitig keine Schuld mehr zuweisen müssen. Es kann sein, dass beide anschließend in der Lage sind, ihr Gegenüber und die gemeinsame Beziehung bewusster wahrzunehmen, und so auch bewusste Entscheidungen treffen können – in welche Richtung auch immer.

Das Verständnis seiner Partnerin kann den Casanova möglicherweise auch dazu bringen, sich respektiert, frei und geliebt zu fühlen. Die Konsequenz könnte sein, dass er seiner Partnerin mehr Nähe schenken wird. Wenn seine Partnerin tatsächlich so weit sein sollte, seine Lebensweise zu akzeptieren, kann unter Umständen sogar etwas von dem Druck von ihm abfallen, fliehen und suchen zu müssen. Ein klassischer Frauenheld hat ständig das Gefühl, um seine Freiheit, Autonomie und Anerkennung kämpfen zu müssen. Umso mehr, als dass er ununterbrochen aufgefordert wird, doch endlich aufzuhören damit und sich zu ändern. Wenn dieser Druck wegfällt, wird er sich vielleicht respektierter fühlen und nicht mehr nach Liebesbeweisen anderer Frauen suchen müssen. Es kann sein, dass er offener annehmen kann, was seine Partnerin ihm zu bieten hat und wonach er sich so sehnt: ein Zuhause, eine Basis. Vielleicht wird der Casanova unter diesen Umständen also tatsächlich weniger Affären haben. Vielleicht fühlt er sich aber nur befreit von moralischen Vorwürfen und wird – jetzt endlich ungebremst – weiter fremdgehen.

Zu einem konkreten Ergebnis wird die Auseinandersetzung einer Frau mit ihren eigenen und den moralischen Werten des Casanovas allerdings garantiert führen: Die Beziehung wird sich verändern. Dabei ist es letztendlich nicht ausschlaggebend, ob der Casanova sich nun ebenfalls mit sich selbst auseinander setzt oder nicht. Seine Partnerin hat sich bewegt und entwickelt – und das wird die erstarrte Beziehung nicht unberührt lassen.

Verzeihen

Treuebrüche zu vergeben ist schwer, weil sie so viel wachrufen – all die alten Verletzungen aus der Kindheit, die gelehrt haben: ‹Ich bin nicht liebenswert genug, ich werde abgelehnt.› Jede Affäre des Casanovas kann in seiner Partnerin den erneuten Beweis dafür wachrufen, dass sie nicht gut genug ist.

Wer stark verletzt wird, bemitleidet sich selbst, ist wütend auf seinen Partner und beschuldigt ihn – das ist die klassische, kindliche Reaktion auf Kränkungen oder Verletzungen durch die Eltern, denen auch alle Erwachsenen noch folgen.

Wer verzeiht, handelt überlegen. Eine Frau, die sich bemüht, ihrem Casanova zu vergeben, handelt erwachsen, indem sie sagt: ‹Ich bin mehr als ein verletztes kleines Mädchen.›

Wenn Casanovas Partnerin in der Lage ist, ihm seine Affären zu verzeihen, ist das ein wichtiger Schritt auf ihrem Weg zu sich selbst. Erst einmal klingt es ausschließlich edelmütig, einem fremdgehenden Partner zu sagen: ‹Ich verzeihe dir und liebe dich, obgleich du etwas getan hast, was ich für einen Fehler halte.› Wem so großzügig vergeben wird, der geht vielleicht von nun an schuldfrei fremd. Oder er erkennt, wie wertvoll und großzügig seine Partnerin ist, und hat künftig weniger Affären.

Beim Verzeihen geht es aber nicht darum, eine bestimmte Reaktion zu erreichen. Verzeihung ist nicht sinnvoll, wenn sie als kleinlaute Anpassung daherkommt, die ausdrückt: ‹Ich verzeihe dir, weil ich doch so sehr möchte, dass du bei mir bleibst.› Verzeihen ist dann effektiv, wenn es zu einer aktiven, selbstverantwortlichen Handlung wird. Dann kann es genutzt werden, um sich selbst zu helfen. Verzeihung als aktive Handlung bedeutet, sich aus passiver Ohnmacht zu lösen und die Dinge wieder in die Hand zu nehmen.

Eine Frau, die ihrem untreuen Partner nicht flehend, sondern aktiv verzeiht, tut sich selber etwas ungemein Gutes, weil sie sich wieder ihrer eigenen Identität bewusst werden kann. Wenn sie nicht mehr um die Verletzungen kreist, die ihr zugefügt wurden, kann sie wieder erkennen, was sie eigentlich wert ist. Sie wurde sexuell betrogen, das ist Tatsache. Tatsache ist auch, dass sie nicht mehr empfinden muss wie das Kind, das sie einst war und das sich komplett infrage gestellt fühlte, wenn es von seinen Eltern in einer bestimmten Situation abgelehnt wurde.

Die Partnerin eines Casanovas, die versucht zu vergeben, ist keine selbstlose Heldin, sondern kümmert sich um sich selbst: Sie braucht sich nicht mehr von der Vergangenheit, in der ihr Unrecht getan wurde, quälen zu lassen. Sie kann aufhören, sich damit zu beschäftigen, den Casanova für seine Taten zu verurteilen – und sich stattdessen um ihr Selbstbewusstsein kümmern. Sie muss ihre Energie nicht weiter dafür aufbrauchen, ihren Partner zu bestrafen. Im besten Fall kann sie verstehen lernen, dass Beziehungen eben nicht ideal und gerecht sind.

Verzeihung bedeutet nicht, alles zu vergessen oder schönzureden. Natürlich waren die Affären des Casanovas schlimm für seine Partnerin – und auch das sollte sie sich vergegenwärtigen. Sicherlich lauert an diesem Punkt die Gefahr, sich in die Opferrolle hineinzubegeben und dem Partner die Rolle des Schuldigen zuzuweisen.

Die Opferrolle ist ein Sumpf, in dem man stecken bleiben kann. Etwas anderes ist es, sich konsequent dem Schmerz über die Ereignisse zu stellen (‹Er hat mich durch seine Affären sehr verletzt›), um ihn überwinden zu können. In dieser Zeit ist es für Casanovas Frau legitim, sich bewusst zu machen, dass ihr Partner in ihren Augen tatsächlich Schuld hat. Das klingt erst einmal widersprüchlich: Schuld zuweisen, um sich von Schuldzuweisungen frei zu machen? Tatsächlich muss die, die verzeihen will, sich zuallererst einmal selbst verzeihen. Denn eine Frau, die sich vorwirft, dass sie sich hat betrügen lassen, ist in einem Kreislauf gefangen: ‹Ich reagiere immer falsch, ich bin schuld, und deshalb gibt es keinen Ausweg.› Verzeihung besteht für die Partnerin eines Frauenhelden aus mehreren Erkenntnisschritten:

- Der Casanova trägt die Verantwortung für das, was er getan hat, letztendlich allein (er ist Täter).
- Der Schmerz über seine Affäre ist legitim (ich fühle mich als Opfer).
- Die aktuelle Verletzung muss nicht andauern. Wenn der Schmerz akzeptiert und ausgetrauert wird, muss das Opfer nicht mehr passiv leiden, sondern kann dem Täter verzeihen.

Ganz allein für sich ist Vergeben natürlich ungleich schwieriger, als wenn auch der Casanova seinen Teil dazu beiträgt. Er muss eingestehen, dass er seine Partnerin verletzt hat. Er kann sagen, er hätte nichts Unrechtes getan, er kann darauf beharren, dass er doch nicht mit Absicht verletzt hätte – aber er muss begreifen, dass seine Partnerin durch seine Affären tief getroffen wurde. Das mag eine grundsätzliche Aufgabe sein, die die Partnerin eines Casanovas zu bewältigen hat, bevor sie in der Lage ist zu verzeihen: Sie muss dem Casanova verständlich machen, dass er ihren Schmerz respektieren und sich entschuldigen muss. Eine wichtige Voraussetzung dafür, dass sie ihm nicht immer wieder neue Vorwürfe entgegenbringt.

Einem Casanova seine Affären zu verzeihen bedeutet nicht, sie auch künftig aushalten zu müssen. Ganz im Gegenteil: Wenn seine Partnerin ihm verziehen hat, ist sie klarer als zuvor in der Lage, aktiv zu werden und ihre Position zu bestimmen. Sie kann erkennen, dass sie mehr ist als nur eine verletzte Frau. Sie kann aufhören, dem Casanova Schuld zu geben und ihn verantwortlich zu machen für ihr Lebensgefühl. Sie kann selbst die Verantwortung für sich übernehmen. Sie braucht nicht weiter darauf zu warten, dass ihr Partner endlich etwas wieder gutmacht oder sich ändert. Indem sie verzeiht, kann sie sich von der Vergangenheit lösen und in die Zukunft blicken: ‹Ich werde jetzt herausfinden, ob ich ihn weiter lieben kann. Vielleicht kann ich es. Vielleicht nicht – und auch das ist in Ordnung.›

Abschied nehmen

Frauen, die an der Seite eines Casanovas leben, sind oftmals sehr aktiv. Sie versuchen zu verstehen, warum der Casanova so ist, wie er ist. Sie reflektieren fast ununterbrochen ihr eigenes Verhalten und das ihres Partners. Casanovas Frauen suchen nach einem Weg, aktiv werden zu können, und wünschen sich, das Verhalten ihres Partners verändern zu können.

Tatsächlich ist es sehr schwer, zu akzeptieren, dass man seinen Partner eben nicht oder nur sehr begrenzt ändern kann. Dass man an der Seite eines Mannes lebt, der immer wieder fremdgehen wird.

Es gibt dennoch eine Möglichkeit, sich aus alten Strukturen zu lösen: Trauer. Trauer um die Beziehung, den idealisierten Partner, die Wünsche, die man bisher an die Beziehung gestellt hatte. Trauer bedeutet Abschied. Wer trauert, macht sich auf den Weg. Er akzeptiert, dass etwas, an dem er bislang festgehalten hat, gestorben ist – es können Hoffnungen sein, von denen man Abschied nimmt, eine bestimmte Lebenssituation, an die man sich gewöhnt hat, oder ein Mensch, von dem man sich trennt. Wer um etwas trauert, sieht ein, dass er die Vergangenheit loslassen muss.

Was würde geschehen, wenn Casanovas Partnerin ihre Sehnsucht und all die Forderungen und Wünsche, die sie an ihre Beziehung gestellt hat, sterben lässt und anschließend um sie trauert? Möglicherweise würde mit den alten Träumen auch noch etwas anders sterben: der ständige, nagende Schmerz darüber, betrogen und nicht auf die ersehnte Art geliebt zu werden. Wer intensiv um seine unerfüllten Sehnsüchte trauert, braucht nicht mehr ununterbrochen um seine Enttäuschung zu kreisen, sondern spürt früher oder später: ‹Ich baue mir etwas Neues auf – ohne das, was ich verloren habe.›

Zum Schluss: Sie haben es in der Hand

Letztendlich muss jede Frau, die mit einem chronisch fremdgehenden Mann zusammen ist, erkennen: Ich kann diesen Mann nicht grundsätzlich ändern. Egal, wie sehr ich mir wünsche, enger mit meinem Partner verbunden zu sein, ganz gleich, wie sehr ich meine zu wissen, was gut für uns beide wäre – ich kann im besten Fall mich selbst erkennen und herausfinden, was mir selbst wirklich gut tut. Ich kann erkennen, warum mein Partner fremdgeht und warum ausgerechnet ich ihn mir erwählt habe – aber das erspart mir kein bisschen Trauer, kein bisschen Leid. Das Einzige, was ich wirklich tun kann, damit es mir wieder gut geht, ist zu erkennen: Ich allein bin für mein Wohlbefinden verantwortlich. Ob an der Seite meines Partners oder ohne ihn. Ich bin nicht unauflöslich mit ihm verbunden. Ich bin ihm nicht ausgeliefert. Ich bin nicht hilflos. Wenn ich an seiner Seite bleibe, dann, weil ich stark bin und mich von vielem verabschieden kann: von den Verletzungen der Vergangenheit und der Angst vor der Zukunft – entscheidend darf von nun an allein der gegenwärtige Tag sein. Und wenn ich mit so viel Abschied und Unsicherheit nicht leben möchte – dann kann ich gehen!

Weiterführende Literatur

Andrae, Simon

Das Lustprinzip – warum Männer und Frauen doch zusammenpassen, Verlag Rütten & Loening, Berlin 2000

Ansbacher, Heinz L. und Rowena R.

Alfred Adlers Individualpsychologie. Eine systematische Darstellung seiner Lehre in Auszügen aus seinen Schriften, Reinhardt Verlag, München/Basel 1975

B., Sidney/Simon, Suzanne

Verstehen, verzeihen, versöhnen, Droemersche Verlagsanstalt Th. Knaur Nachf., München 1993

Badinter, Elisabeth

XY Die Identität des Mannes, Piper Verlag, München 1993

Benard, Cheryl/Schlaffer, Edith

Lasst endlich die Männer in Ruhe oder Wie man sie weniger und sich selbst mehr liebt, Rowohlt Taschenbuch Verlag GmbH, Reinbek bei Hamburg 1992

Benjamin, Jessica

Die Fesseln der Liebe, Psychoanalyse, Feminismus und das Problem der Macht, Fischer Taschenbuch Verlag, Frankfurt am Main 1999

Bepko, Claudia/Krestan, Jo-Ann

Das Superfrauensyndrom, S. Fischer Verlag, Frankfurt am Main 1991

Bly, Robert

Eisenhans, Ein Buch über Männer, Kindler Verlag, München 1991

Branden, Nathaniel

Die sechs Säulen der Selbstachtung, Psychologie heute, November 1994

Burkart, Günter

Arbeit und Liebe. Über die Macht der Liebe und die Arbeit an der Partnerschaft. Aus: Hahn, Kornelia/Burkart, Günter (Hrsg.), Liebe, Grenzen und Grenzüberschreitungen / Studien zur Soziologie intimer Beziehungen II, Leske + Budrich, Opladen 2000

Burkart, Günter/Hahn, Kornelia
Liebe am Ende des 20. Jahrhunderts, aus: Liebe am Ende des 20. Jahrhunderts/Studien zur Soziologie intimer Beziehungen, Leske + Budrich, Opladen 1998

Cöllen, Michael (Diplompsychologe und Paartherapeut, Hamburg), persönliches Gespräch, 2001

Cöllen, Michael
Paartherapie und Paarsynthese. Lernmodell Liebe, Springer, Wien/New York 1997

Crowley, Jack Dana
Immer hab ich mich dir angepasst, Wilhelm Heyne Verlag, München 1993

Donovan, Mary Ellen/Tschirhart Sandfort, Linda
Selbstachtung: Der gute Ruf, den man bei sich selber hat, Psychologie heute, November 1994

Friday, Nancy
Wie meine Mutter (my mother myself), Fischer Taschenbuch Verlag, Frankfurt a. Main 1982

Füller, Ingrid
Eine Affäre in Ehren, Rowohlt Taschenbuch Verlag, Reinbek bei Hamburg 1994

Geck, Karl
Lieben lernen, Walter Verlag, Zürich und Düsseldorf 1998

Göckel, Renate
Brave Mädchen holt der Wolf, Kreuz Verlag, Zürich 1998

Grünewald, Stefan
Monogames versus polygames Verhalten von Männern. Diplomarbeit, Fachhochschule Darmstadt, 1998

Hirsch, Helga
«Rache ist ein archaisches Gefühl», Interview mit Leon Wurmser, Psychologie heute, Juni 2000

Hollstein, Prof. Walter
Macht und Ohnmacht der Männer. Eine Bestandsaufnahme (1) – Dressur zum starken Geschlecht, Neues Deutschland vom 25./26. 4. 98
Hollstein, Prof. Walter
Neue Männer braucht das Land, Neues Deutschland vom 2./3. Mai 1998
Holzberg, Oskar
Was will der Mann?, Brigitte 6/2002
Jellouschek, Hans
Von Gleich zu Gleich, Psychologie heute, August 2001
Jones, Ann/Schechter, Susan
Ist das Liebe?, Psychologie heute, November 1993
Keen, Sam
Liebeskrise: Im Niemandsland zwischen Romantik und Sex, Psychologie heute, August 84
Keen, Sam
Feuer im Bauch. Über das Mann-Sein, Ernst Kabel Verlag, Hamburg 1992
Kelley, Susan
Warum Männer verschwinden, warum Männer sich binden, Ernst Kabel Verlag, Hamburg 1996
Kreische, Reinhard
Paare in Krisen, Rowohlt Taschenbuch Verlag, Reinbek bei Hamburg 1994
Koesters, Ingrid und Paul-Heinz
Die verborgene Art zu lieben: gefesselte Leidenschaften und gefährliche Gefühle, Rasch und Röhring Verlag, Hamburg 1992
Kreps, Bonnie
Abschied vom Märchenprinzen, Fischer Taschenbuch Verlag, Frankfurt am Main 1994
Lenz, Karl
Romantische Liebe – Ende eines Beziehungsideals?, aus: Liebe am

Ende des 20. Jahrhunderts/Studien zur Soziologie intimer Beziehungen, Leske + Budrich, Opladen 1998
Levine, Judith
Geliebter und Feind, Frauen sehen Männer, Econ Verlag, Düsseldorf 1992
Mary, Michael
5 Lügen die Liebe betreffend, Hoffmann und Campe, Hamburg 2001
Maurer, Margarete
Sexualdimorphismus, Geschlechtskonstruktion und Hirnforschung, aus: Ekkehard Höxtermann, Hg. (u. a): Berichte zur Hydro- und Meeresbiologie und weitere Beiträge der 8. Jahrestagung der DGGTB in Rostock 1999. Verhandlungen zur Geschichte und Theorie der Biologie, Band 5, Verlag für Wissenschaft und Bildung Amand Aglaster, Berlin 2000
Meulenbelt, Anja
Emanzipation und Seitensprung, Rowohlt Verlag GmbH, Reinbek bei Hamburg 1993
Mitscherlich, Margarete
Die friedfertige Frau, S. Fischer Verlag GmbH, Frankfurt am Main 1985
Mitzscherlich, Beate
Heimat – die Konstruktion eines Lebensgefühls, in: Psychologie heute, September 1997
Müller-Luckmann, Elisabeth
Die große Kränkung. Wenn Liebe ins Leere fällt, Rowohlt Taschenbuch Verlag, Reinbek bei Hamburg 1990
NGFG e. V. Natur und Grenzwissenschaftliche Forschungsgemeinschaft
Die verletzte Seele – verschiedene Ausprägungen des Selbstwertgefühls, Quelle: www.ngfg.com
Norwood, Robin
Wenn Frauen zu sehr lieben, Rowohlt, Reinbek bei Hamburg 1990

Nuber, Ursula
Bleiben oder gehen?, Psychologie heute, April 1998
Nuber, Ursula
Kränkung: Warum wir manches allzu persönlich nehmen, Interview mit Dr. Bärbel Wardetzki, Psychologie heute, Juni 2000
Onken, Julia
Die Kirschen in Nachbars Garten, Wilhelm Goldmann Verlag, München 1999
Onken, Julia
Herrin im eigenen Haus, Wilhelm Goldmann Verlag, München 2001
Pech, Detlef
Männerbiographien. Neue Auswertungsmethoden in der qualitativen Sozialforschung, Diplomarbeit, Universität Oldenburg 1998
Rauscher-Gföhler, Billie (Paar- und Familientherapeutin, Wien)
Persönliches Interview, 2001
Reichelt, Monika
Die verletzte Seele – Über die Bedeutung des Selbstwertgefühls für unsere Persönlichkeitsentwicklung, Wilhelm Heyne Verlag, München 1991
Riedl, Sabine/Schweder, Barbara
Der kleine Unterschied – warum Frauen und Männer anders denken und fühlen, Franz Deuticke Verlagsgesellschaft, Wien und München 1997
Samuel, Arthur/Lukan, Elisabeth
Im Einklang mit dem inneren Kind, Verlag Herder, Freiburg im Breisgau 1993
Sauer, Sebastian
Die Ökonomie der Partnerschaft unter Evolutionspsychologischen Gesichtspunkten, Hausarbeit, Universität Berlin 2001
Schmidbauer, Wolfgang
Angst vor Nähe, Rowohlt Taschenbuch Verlag, Reinbek bei Hamburg 1998

Schmidbauer, Wolfgang
Die heimliche Liebe. Ausrutscher, Seitensprung, Doppelleben, Rowohlt Taschenbuch Verlag, Reinbek bei Hamburg 2001
Schmidt, Gunter
Das Große Der Die Das, März Verlag, Herbstein 1986
Schmidt, Gunter
Sexuelle Verhältnisse. Über das Verschwinden der Sexualmoral, Rowohlt Taschenbuch Verlag, Reinbek bei Hamburg 1998
Schmutzer, Dr. Dieter (Lebens- und Sexualberater, Wien), Persönliches Interview, 2000
Schnack, Dieter/Neutzling, Rainer
Die Prinzenrolle. Über die männliche Sexualität, Rowohlt Verlag, Reinbek bei Hamburg 1993
Schwanitz, Dietrich
Männer – eine Spezies wird besichtigt, Eichborn AG, Frankfurt am Main 2001
Shapiro, Joan
Männer sind wie fremde Länder, S. Fischer Verlag, Frankfurt a. M. 1992
Stecher, Katharina
Moralentwicklung und Bindung, Diplomarbeit Universität Köln 1998, Bezugsquelle: www.diplom.de, Diplomica GmbH, Hamburg
Storch, Maja
Die Sehnsucht der starken Frau nach dem starken Mann, Walter Verlag, Düsseldorf 2000
Streitbörger, Wolfgang
Untreue muss kein Sargnagel sein, Interview mit Don-David Lustermann, Psychologie heute, September 2000
Symington, Neville
Narzissmus, Steidl Verlag, Göttingen 1997
Trachtenberg, Peter
Der Casanova-Komplex – vom Zwang, lieben zu müssen, Wilhelm Goldmann Verlag, München 1988

Tramitz, Christiane
Du und kein anderer. Wie wir einander suchen und finden. Biologische Aspekte der Partnerwahl, ECON Verlag GmbH, Düsseldorf, Wien, New York und Moskau 1992

Unverzagt, Gerlinde
Gerächte Verhältnisse: Rache ist nicht süß – aber verständlich, Psychologie heute, Juni 2000

Waldmann, Harms
Zur ambivalenten Beziehungsdynamik von Sucht, Diplomarbeit, Fachhochschule Berlin 1997, Quelle: www.hausarbeiten.de

Wardetzki, Bärbel
Weiblicher Narzissmus – der Hunger nach Anerkennung, Kösel Verlag, München 1991

Wardetzki, Bärbel
Ohrfeige für die Seele. Wie wir mit Kränkungen und Zurechtweisungen besser umgehen können, Kösel Verlag, München 2000

WDR, Westzeit
Seitensprung – Chance oder Untergang (mit Fliegel, Dr. Stefan), Sendung vom 6. 6. 01

Willi, Jürg
Was hält Paare zusammen?, Rowohlt Verlag, Reinbek bei Hamburg 1991

Danke!

Meiner Tante und meinem Onkel für ihre liebevolle Unterstützung.
Meinem Vater für sein tatkräftiges Mitdenken bei der Recherche.
Dipl.-Psych. Michael Cöllen für ein gutes, anregendes Gespräch.
Annette Waldmann für den wichtigsten ersten Schritt.
Meiner Lektorin Martina Behrens für ihre Lust an der Arbeit, ihre kluge, motivierende Begleitung und ihr Verständnis für kleine und große Krisen.
Und natürlich MK: für das Thema, seine Anmerkungen und seine Bereitschaft, sich zu verändern.

Renner für Männer

Astrid Christina Richtsfeld
So macht Mann brave Mädchen wild *Der ultimative Erotik-Guide*
(rororo sachbuch 60680)

Christian Buchholz / Peter Loycke
Scheidungsratgeber von Männern für Männer
(rororo sachbuch 60861)
Dieser Band behandelt alle wesentlichen Fragen zum Thema Scheidung und Trennung. Er enthält auch Informationen über die geltenden gesetzlichen Neuregelungen zum Kindschaftsrecht und zur elterlichen Sorge.

Katharina Butz / Detlef Icheln
Penis pur *Was Männer wissen wollen*
(rororo sachbuch 60691)
«Penis pur» ist der erste Guide, der alle Fragen über das wichtigste Körperteil des Mannes kompetent und unterhaltsam beantwortet. Katharina Butz ist freie Medizinjournalistin, Trägerin verschiedener Journalistenpreise und Autorin für «Men's Health». Detlev Icheln ist Ressortleiter der Gesundheitsredaktion von «Mens Health».

Wolfgang Melcher
Der Survival-Guide: Was echte Männer können müssen
(rororo sachbuch 60860)
Dieser Band ist nicht nur spritzig und amüsant geschrieben, er ist vor allem nützlich: Denn hier steht, wie der Knopf am Hemd leicht wieder angenäht, die neue Kollegin bald erobert und die Gehaltserhöhung gewinnbringend angelegt ist.

rororo sachbuch

Gisbert Redecker
Sex zwischen den Ohren *Das Gehirn als erogene Zone*
(rororo sachbuch 60682)
Gisbert Redecker ist Verhaltenstherapeut. Sein Arbeitsschwerpunkt ist die Paar- und Sexualtherapie.

Astrid Wronsky
Du siehst gut aus! *Der Pflege-Guide für Männer*
(rororo sachbuch 60848)
Die Zeiten, in denen man bei den Männern außer ihrer Zahnbürste vielleicht noch einen Rasierapparat im Bad finden konnte, sind lange vorbei, denn: ein gepflegter Body ist angesagt. Aber keine Panik, Männer! Wie so oft, sind es die einfachen, kleinen Tricks, die die Attraktivität fördern. All das findet sich in diesem Pflege-Guide.

Weitere Informationen in der **Rowohlt Revue**, kostenlos im Buchhandel, und im Internet: **www.rororo.de**

3744/3